U0790456

水文化与节水教育简编

陈晓耘 王 燕 侯 新 等编著

黄河水利出版社
·郑 州·

内 容 提 要

本书深入分析了水与文化的关系，从水文化形成的理论基础、水文化的属性特点及水文化发展的内在和外在动力方面梳理了水文化的生成机制，详细阐述了水文化的功能，深入分析了全球水资源现状、我国水资源现状，并对未来水资源开发利用进行了预测，介绍了国际上水生态文明建设的先进经验；在此基础上，分析了水文化教育理念的本质、目标指向和实践方式，进而构建了水文化教育体系；探寻了新时代水文化建设与发展的新方位及其趋势，为下一步做好水文化教育推广工作奠定了基础。

本书可作为引导职业教育学生了解水知识、弘扬水精神、践行节水行动的参考书，还可供水文化爱好者学习参考。

图书在版编目(CIP)数据

水文化与节水教育简编/陈晓耘，王燕，侯新编著
.—郑州：黄河水利出版社，2022.3 （2023.11 重印）
ISBN 978-7-5509-3259-3

Ⅰ.①水… Ⅱ.①陈… ②王… ③侯… Ⅲ.①水-文化教育-中国 ②节约用水-中国 Ⅳ.①K928.4 ②TU991.64

中国版本图书馆 CIP 数据核字(2022)第 055369 号

组稿编辑：王路平 电话：0371-66022212 E-mail：hhslwlp@126.com
田丽萍 66025553 912810592@qq.com

出 版 社：黄河水利出版社 网址：www.yrcp.com
地址：河南省郑州市顺河路黄委会综合楼 14 层 邮政编码：450003
发行单位：黄河水利出版社
发行部电话：0371-66026940、66020550、66028024、66022620(传真)
E-mail：hhslcbs@126.com
承印单位：河南博之雅印务有限公司
开本：890 mm×1 240 mm 1/32
印张：3.875
字数：110 千字
版次：2022 年 3 月第 1 版 印次：2023 年 11 月第 2 次印刷

定价：35.00 元

前言

水是生命的源泉，水是农业的命脉，水是工业的血液，水是事关国计民生的基础性自然资源和战略性经济资源，是生态环境的控制性要素。目前，我国水资源现状是人多水少，水资源时空分布不均，供需矛盾突出，全社会节水意识薄弱，用水粗放，浪费严重，水资源利用效率与国际先进水平存在较大差距，水资源问题已成为制约生态文明建设和经济可持续发展的瓶颈。

党的十九大报告明确提出要“实施国家节水行动”。为深入贯彻落实党的十九大精神，大力推行全社会节水，全面提升水资源利用效率，国家发展改革委、水利部于 2019 年 4 月 15 日印发了《国家节水行动方案》。职业教育作为与普通高等教育具有同等重要地位的教育类型，在国家人才培养体系中占据重要地位。教育部官方统计数据显示，2020 年我国职业教育在校生 19 037 142 人，其中专科在校生 3 272 429 人，中职在校生 15 764 713 人。基于此，本书可作为引导职业教育学生了解水知识、弘扬水精神、践行节水行动的参考书。

本书为重庆市水文化研究会 2017 年开放课题项目（CQSWH－201704、CQSWH－201710）阶段性研究成果。

本书在编写过程中得到了项目组成员的大力支持，许多同志参与了本书的调研和实践工作。参加本书编著工作的还有重庆城市管理职业学院江优优，重庆水利水电职业技术学院冯耀龙、舒乔生等。另外，本书在编写过程中还引用了大量的参考文献。在此，谨向为本书的完成提供支持和帮助的单位、所有研究人员和参考文献的原作者表示衷心感谢！

由于作者水平有限，书中不妥之处在所难免，敬请广大读者批评指正。

作　者
2021 年 12 月

目　录

第一章 文化概论

一、文化概念的考据

从词源学的角度看,文化一词在英语世界的国家表现为 culture,而 culture 一词来自拉丁文 cultura,意为"对土地的开垦",也可表达居住、耕种、练习、留心、注意等。其词性为动词,强调人类通过此摆脱自然状态。❶ 这个时期的"cultura"主要表达的是社会物质资料的生产,涉猎精神层面的内容比较少。

文化(culture)作为内涵丰富、意义多维的概念而被众多学科所探究、阐发发端于近代欧洲。在历经文艺复兴、启蒙运动后,欧洲人逐渐意识到从纵向视角看,风俗、信仰、观念、语言都是一个历时性的动态过程;从横向视角看,率先开辟世界市场的欧洲人还发现人类文化有着极大的地缘性、多样性。在这两种对传统的批判性视角下,文化概念的内涵开始发展。❷ 到十六七世纪后,英文和法文的 culture 的词义逐渐由耕种引申为对树木禾苗的培养,进而指对人的心灵、知识、情操、风尚的化育,从而使得英语世界中的"文化"概念逐步转到对精神层面的关注上来。❸ 中国传统文化中也有文化这个词汇,但是其意义与当代我们理解的文化则大相径庭。据学者考察,"文化"一词最早出现在刘向《说苑·指武》,但当时强调的是文章教化。在 19 世纪中后叶,明治维新期间,日本大量译介西方学术作品。作为汉语文化圈的一员,其多借汉语词汇对译西方学术术语。由此,"文化"这一概念的含义便加入了

---

❶ 冯天瑜,等. 中国文化史[M]. 北京:高等教育出版社,2005:11.

❷ 冯天瑜. 新语探源——中西日文化互动与近代汉字术语生成[M]. 中华书局,2004:570.

❸ 冯天瑜,等. 中国文化史[M]. 北京:高等教育出版社,2005:11.

西方的历史经验。后由中国学人又将这样一个概念输入中国。由此可见,当今人们使用的“文化”这个概念,首先发端于西方,进入近代社会后,这个词汇开始普遍化,近代日本的翻译及留学日本的中国学人的引进使得文化成为一个颇为流行的词汇。

二、文化的定义

关于文化的界说,比尔斯父子在《文化人类学》中指出:文化概念是19世纪、20世纪的一大科学发现,其内容是,人类的行为之所以不同于其他种类动物的行为,是因为他受文化传统的影响和制约。❶ 这一段话鲜明地指出以文化人与动物的本质区别。这种对文化的界定可认为是对文化意义的阐明,其不足之处是除意义外,并不能给我们提供一个认识文化这个概念的“图景”。此种对文化的界定鲜明地阐述了文化的诸多表象。但对文化的定义较为广泛,是广义的文化概念。其意义更多阐述“何为文化?”,而不是“文化为何?”这一基本问题。较之前两者,Cf. A L . Kroeber 及 Clyde Kluckhohn 合著的《文化,关于概念和定义的检讨》一书中,关于文化概念的论述更具科学性,更体现理性价值。殷海光先生在其《中国文化的展望》一书中,对此论述做了一个大概的梳理。简而言之,关于文化的定义大致有:一是记述的定义。这种对文化的定义是对文化内容的诸多方面的一种列举。着重于对文化的整体性把握,如信仰、价值、行为、知识等。此种定义模式以泰勒、博亚斯、林顿、洛维等人为代表。❷ 二是历史的定义。这种对文化的定义,并不着眼于文化的内容、实质。而是从文化的特色、社会遗产或社会传统来对文化下定义。比如巴尔克和博尔格斯就认为一个共同体的文化是其社会遗产之全部及其组织,这些社会遗产之所以获得文化的意义乃在于不同的共同体有不同的气质及历史。这种定义模式以巴尔克、

❶ 冯天瑜. 新语探源——中西日文化互动与近代汉字术语生成[M]. 中华书局,2004:570.

❷ 殷海光. 中国文化的展望[M]. 上海:上海三联出版社,2002:28-30.

博尔格斯、博斯、梅德等为代表。❶ 三是规范的定义。这种定义又可分为两大类:其一,注重规律的规范定义。这种规律性在这里应该被理解为行为的可理解及可预测性。在这种定义下,文化即被理解为文化共同体的行为模式,或通俗来讲即文化共同体的生活方式、对社会的看法及在这样文化情境下的生活方式。这种定义模式以维斯勒、伯格杜斯等为代表。其二,注重理想、价值的规范定义。这种定义将文化与社会(物质范畴)分开,把文化归为一种精神、价值范畴。此种定义模式以索罗金最为典型。❷ 四是心理的定义。这种定义的方式一般认为人类对社会之现实往往会有诸多心理上的"反应",而这种反应在一个文化共同体中会被广泛地接受。这种被接受的反应即是文化。简言之,文化之于社会,便似人之性格之于人之机体。这种定义的模式的代表人物有福尔特、莫里斯等。❸ 五是结构的定义。这种对文化的定义注重文化的组织、系统性。其代表人物有维利、奥格本等。❹ 六是除上述对文化的定义方式外,还有文化发生的定义,对文化的心理解析学意义上的定义等。

我国的一些学者也给出了他们对文化的理解。比如梁漱溟先生在其《中国文化要义》一书中,开篇就言:文化,就是吾人生活所依靠之一切。在梁漱溟的视角下,人在社会中如要生存、发展,则必须依靠于农工生产,后天教育,良好的社会秩序等。而这些条件或这些条件所依靠的因素都可以被视为文化或文化的重要组成部分。❺ 比如,秩序之形成在于国家政治、法律制度,宗教信仰,道德教化等之合力。这些因素在梁漱溟看来皆可为文化之重要部分,但国家政治、法律制度显然是属于与狭义"文化"范畴相平行的"政治"范畴的内容。由此可见,梁漱溟对文化的把握是一种广义上的理解。用他自己的话说:文化之本义,应

---

❶ 殷海光. 中国文化的展望[M]. 上海:上海三联出版社,2002:30-32.
❷ 殷海光. 中国文化的展望[M]. 上海:上海三联出版社,2002:32-33.
❸ 殷海光. 中国文化的展望[M]. 上海:上海三联出版社,2002:34-35.
❹ 殷海光. 中国文化的展望[M]. 上海:上海三联出版社,2002:35-36.
❺ 梁漱溟. 中国文化要义[M]. 北京:世纪文景出版社,2011:1.

在经济、政治,乃至一切无所不包。[1]

胡适是我国近代史上颇为有影响力的思想家和学者,在他看来,文化是各民族适应环境,应付环境的产物,是人类适应环境、应付环境的生活方式。既然是适应环境、应付环境,便有优劣之分。各民族文化间的比较可以在一定程度上量化为适应、应付环境的成绩。当时的西方文明领先于东方文明,带着这种观念,他对西方文明更加崇尚,对中国传统文明进行了无情的批判。当代我国学者冯天瑜教授认为文化的本质内涵是自然的人化,是人的价值观念在社会实践中对象化的过程与结果,其中包括外在于人的文化产品的创制和内在于人心的心智、德行的修养。因此,文化可以划分为技术系统和价值系统两大部类,前者即人们所说的物质文化范畴,后者为精神文化范畴,而介于两者之间,还有制度文化和行为文化。如此,物质、精神、制度、价值四个层面的文化观念就构成了广义的文化概念,而其中的精神、观念层面的文化就是与政治、经济相对应的狭义文化概念。[2] 这些关于文化的定义基本上构成了当今世界人们对文化的理解,同时也比较符合当代中国人对文化的理解。

三、文化的基本特征

从上述对文化概念的历史沿革及定义学说的梳理可以看出,由于文化本身的复杂性,以及人类理性及语言的有限性,使得上述对文化的定义皆不能论述穷尽,或不能论证完美,可以从文化的特征去更好地发现文化。当人们对某一事物的特征进行阐明时,总会进入一个比较性的视角——特征总是需要与外物比较而生的。而这种比较的方法显然利于更好地去认识一个概念。

第一,后天性。文化的后天性特征大致体现在两个方面:其一,文化之所以为文化,便在于人对自然的积极参与、适应和应对,并最终体现为人类不同层次的生活方式。而人的生存、生活方式显然不全是自

❶ 梁漱溟. 中国文化要义[M]. 北京:世纪文景出版社,2011:1.

❷ 冯天瑜等. 中国文化史[M]. 北京:高等教育出版社,2005:13.

在自然的一部分，必然包含自在自然中不可能有的新的东西。这种新的东西就体现为一种后天性，这种后天性也体现了人与自然的分野。其二，文化体现为一种对自然律的超越性，这种超越性更是体现着"后天"相对于自然的意义。比如，在生物规律中，人饥则食，但在文化层面上会有"饿死事小，失节事大"，"勿食嗟来之食"之虑；如此种种，从中国传统理学观念来看，便是"存天理，灭人欲"，从西方道德哲学的视角来看，便体现一种道德律对自然欲望的一种绝对性。换言之，就是文化对自然的超越，这也是文化的后天性的重要体现。

第二，民族性。文化是人类对其所处环境的适应与应对的产物，而人类各民族所处的环境迥异，比如古希腊各城邦的人民所面临的就是一种海洋文明的环境，便更注重商业交流；而我国古代人民面临的是一种农业灌溉文明的传统，讲究自给自足。如此，生活在不同自然环境下，有着不同的历史经验和心理结构的人们，实际上面对的是各不相同的世界，他们的社会实践也不尽相同，他们各自面临的问题及他们对此作出的回答——文化当然也就不同，其呈现出极强的民族性特征。❶

文化的民族性也就意味着文化的多元性，因为文化的民族性特征证明了各种不同文化之间的很难"通约"。简而言之，评判各种不同文化的优劣高低没有一个普遍、中立、客观的共同标准，而以一种文化为价值参照系去衡量另一类文化的优劣则更不可为，这便是文化多元论的旨意所在。不过需要注意的是，强调文化的民族性和多元性并非是拒绝文化之间的相互渗透和相互促进，因为历史证明"夜郎自大"和故步自封不可能有真正的前途。当然，没有比较也就没有竞争，但这种竞争不是以一方来统一另一方，不是将一方的若干特点抽象为人类文化的普遍特点来衡量、检验甚至取舍另一方。❷ 这一点是文化的民族性和多元性所要防范的。

第三，规范性。历史证明，文化在社会发展和人类历史的变迁中往往发挥着关键性作用，其作为一种隐性的但更为深层次的力量对个人

❶ 张汝伦．含章集[M]．上海：复旦大学出版社，2011：10.

❷ 张汝伦．含章集[M]．上海：复旦大学出版社，2011：10-17.

和社会都有着广泛的影响,这种影响就表现为规范性。文化的规范性不仅体现在文化能规范、控制个人的行为,“文化虽然是人的实践活动的创造物,但是他一旦形成,就具有群体性,并对个体的行为形成外在的强制性”;❶还体现在文化能影响、制约社会的整体运行和发展。“文化为政治、经济等社会活动及社会制度安排的内在机理和图式”。“文化并不局限于人们通常所理解的具体的文化存在形式,而是内化到人的活动和社会活动的各个领域之中,凝结成生存方式;文化根本上不是与政治、经济并列的领域或附属现象,而是人的一切活动领域和社会存在领域中内在的、机理性的东西,是从深层制约和影响每一个体和各种社会活动的生存方式”。❷ 文化的规范性从某种意义上来讲也是文化的一种能动性。按马克思经典理论,文化是人类对其所处环境的“反应”,文化来源于人的实践,在马克思主义唯物史观中,文化作为一种社会意识是对社会存在的反映,其也反过来作用于社会存在。

第四,非功利性。文化的非功利性主要是相对人类的经济生活、政治生活来说的。所以,这里的文化是指狭义上的文化。一般而言,人类的经济生活追求效率、经济利益;政治生活追求善、公平价值;而对于文化生活来说,侧重于对人类美好生活需求的满足程度,如审美需求。如今,文化有逐步被经济所吞噬的危险,在经济利益成为推动社会发展最主要动力的社会大背景下,文化似乎必须与其靠拢以求生存和发展。文化的创造、传播或多或少地包含着对功利的诉求。

四、文化的功能

文化功能学派代表人物马林诺夫斯基在《文化论》一书中提出的“文化需要”和“文化迫力”理论,指出:社会群体依靠生活的惯例、价值的传统规定或指定组织、安排其成员的各种活动,获取各种物质生活资料,而实现有机体生存需要的满足;群体以各种各样的禁例、命令式规则、经济的或道德的观念、法律和秩序来规范成员的求偶、婚姻行为,维

❶ 衣俊卿. 文化哲学十五讲[M]. 北京:北京大学出版社,2004:36-37.

❷ 衣俊卿. 文化哲学十五讲[M]. 北京:北京大学出版社,2004:40.

持家庭、氏族组织的活动，调整不同的经济关系，而满足种群延续、人与人之间的交往、社会组织的运转的需要；群体依靠语言、广义的教育制度（如神话、亲属、职业团体、巫术）、知识及艺术保证传统的绵延、文化的传递，以及人的情感、审美需求的满足。文化无不对人类现实生活发挥其具体的功能。不同学者眼里的文化功能是不一样的。一般而言，文化具有教育、凝聚、规范、传承、审美等方面的功能。❶

（一）教育功能

文化是社会群体历史知识的积累、经验的总结，人们通过文化及文化活动深刻地认识和理解自然、社会、历史、宗教，认识和理解自然、社会与人生。个体在文化氛围内的成长过程即接受文化潜移默化的过程，从而形成独立的个体，这就是文化的教育功能。文化的教育功能引申出文化的引导功能。人们不断“习得”文化的过程，就是将外在文化转化为自身内在需要的教化、引导过程，就是通过文化的“教育”，从“自然人”转化为“社会人”的过程。任何文化都有自己特定的世界观、价值观和生活方式，接受一种特定文化就意味着接受一种特定的观察和分析世界的理论指导与价值观支撑方式。

（二）凝聚功能

文化作为社会群体的集体意识，是维系群体生存和发展的精神纽带，文化可以成为一种价值体系，也同时成为一种价值评价体系。这就促使群体形成共同的价值追求，规范和引导群体成员的行为，具有凝聚力。文化的众多功能中，凝聚功能是其核心功能之一。同一区域或族群的人们，由于受到相同文化的浸染和熏陶，会形成大致相同的生活方式、行为模式、伦理道德、风俗习惯和社会心理结构、思维方式，因而产生相同的文化认同，产生彼此间精神的慰藉和心灵的共鸣，形成强大的凝聚力。凝聚力一旦产生，就会以它特殊的感染力影响本地区、本族群的每一个成员，并不断延续，成为沟通和联系区域成员或族群成员心灵的纽带。

---

❶ 蒋平．文化的内涵、变迁及功能刍议［J］．文史博览，2012(7)：16-19.

（三）规范功能

由于文化能够获得群体成员的支持和价值认同，因而具有调整人与人之间的矛盾、冲变，形成合理有效的社会秩序的功能。文化能够丰富人们的精神世界，使人获得精神的享受与愉悦，具有审美与娱乐功能。

（四）传承功能

文化是社会群体生活长期积淀的结果，蕴含着丰富风土人情、道德伦理、宗教信仰等因素，包含着独特的群体特性。文化可以把过去与现在、可能与现实连接在一起，使社会的历史经验得以传承、传播及交流。在一定的意义上，文化便是历史，是历史巨大的无意识积淀，是人类的“社会遗传密码”。文化具有传承性，可世代相传。文化传承既是“文化基因”的复制，也是民族群体的自我完善，是民族意识的深层次积累，是个体的社会化实现。文化传承使得一个民族的文化发展始终沿着一个方向发展，并形成文化传统。传承包括语言传承、行为传承、器物传承，更包括文化心理传承，而文化心理传承更是将文化的核心要素有机地融入每一个成员的深层意识之中。

（五）审美功能

文化的功能可以分为显性功能和隐性功能。满足人类精神上、物质上的需要，即作用在社会物理层面的功能，是显性功能；对人类起到启蒙、发展的作用，即作用在人类文化心理层面的功能，是隐性功能。任何一种文化产品和文化形式都具有其显性功能，它反映人类价值的追求。隐性层面的功能，即文化对人类心理潜移默化却根深蒂固的影响，人类在创造了物质文明和精神文明的同时，也使人类主观的内在发生了由自然而“人化”的过程，形成了人类的文化心理结构。

五、水与文化的关系

人们从事水相关的实践时，无时无处不受文化的影响。历史政治、地理环境、风俗习惯，以及个人修养等文化因素的不同，对人们水实践的理念、方法等有着直接的影响，从而对水实践的原则、举措以及后续评价差异巨大。从社会发展的角度而言，人类社会发展的不同阶段，其文化价值取向不同,水实践的风格各异。随着科技的飞速发展,同样给水实践带来新的手段和启示。从学术性的维度而言,水文化作为一门新兴学科,涉及经济学、教育学、艺术学、工程学、管理学等多种学科。深入把握水与文化之间的关系,对水文化研究有着十分重要的现实意义。

(一)水是文化形成与发展的载体之一

文化载体是指以各种物化的和精神的形式承载、传播文化的媒介体和传播工具。文化载体承载着文化,传递着文化的内涵,是文化得以形成与扩散的重要途径与手段。文化依托于各种各样的载体之中,进而成为可见、可感知的文化现实。水则是丰富多样的文化载体中的一种。水作为文化形成与发展的载体,具有广义与狭义之分,广义是指水不仅是一个物质的概念,还是满足人们生存、生活、生产需要的基础与前提,更是一切与水相关的实践中人们广泛参与、交流与互动的载体;狭义则是与水相关的文化呈现,包括水文化遗产、水工程、水活动等。总体而言,水作为人们生活生产实践的必需品,给人们提供一种表达认识意义的学习与实践方式,引导人们深入交流与互动,形成特定的精神文化体系。比如,水文化遗产是人们水实践所留下的时代精神的缩影,承载着特定历史事件、活动、人物等一切积极、健康、向上的精神。还有水民俗,主要以水活动、水产品等主要表象,以道德价值、精神内涵、审美旨趣等为文化底蕴,以特定时间、特定地域、特定主题为活动内容,是人们从事水实践中长期沿袭下来的礼节、习俗、节庆等文化的综合。如斯德歌尔摩水节、傣族泼水节、高棉迎水节、送水节等。

对于在一定范围内生活的人们来说,水文化代表着一种文化传统,糅合了人们关于水实践的基本认识,同时,也是关于水实践过程中文化记忆的重要部分。从本质上来说,是维护水实践秩序的重要保证,也是个体在水实践过程中体现人生意义、价值与伦理的重要源泉。在水文化建设中,要深入挖掘水实践的历史民俗资源,增强水实践的文化底蕴,实现传统与现代融合。

(二)水在文化形成与发展中的作用

水是文化不可或缺的重要部分,在文化形成与发展中扮演着重要角色，对文化的形成、延续、创新等有着不可估量的作用。科学先进的水理念对文化建设与发展有着积极的促进作用。

第一，传承历史文明，彰显价值精神。一方面，水传承着人类历史文明。在人类的历史演进中，由于水域地理条件的限制，以及人类的全力塑造，致使每一座区域逐渐形成各具特色的文明，久而久之形成特有的文化符号。比如，作为我国最具代表性和影响性的两支水域文化主体：长江文化和黄河文化。长江文化涵盖了巴蜀文化、两湖文化、吴越文化、江西文化、江淮文化等多层次、多空间、多维度的时空交织的文化复合体，是长江水域的文化集结的综合和聚集。黄河流域是世界唯一延续至今的中国五千年悠久文明的诞生地，黄河文化是在黄河流经区域历经千年所孕育而成的文化，包括享誉世界的夏代文化、商文化、周文化等。水作为文化的重要载体，在一代又一代人们的传承中发展延续。沿着水的发展脉络，可以追寻到水域文化的根。某一个水域的文化镶嵌着这个区域的文化基因，这是由于一座水域在漫长的历史长河中不断创造并传承着博大且精深的物质文明和精神文明成果，而这些文明成果积淀着该水域特有的思维、价值、观念等。正是由于文化在人类发展进程中不断传承，在所有人看来，哪怕没有亲身体验这些水域的生活，也会被其所特有的水域文化所吸引、感染，这也就是为什么人们总是对具有深厚的文化底蕴的水域地域心生向往，比如威尼斯，而这些颇具文化厚重感的水域地域从来不缺造访者。

另一方面，水彰显着价值精神。文化是某一水域所具有的独特的品性，是该水域的人们普遍认同并共同追求的价值观念，对内是水域价值灵魂的凝聚，对外是水域的名声形象的体现，充分彰显着某一水域的价值精神。以长江流域为例，据统计，流域面积超过 1 万 km^2 的支流有 49 条，主要包括汉江、乌江、嘉陵江、沱江、湘江等。每一条支流所呈现的便是流经区域的文化价值。如乌江流域的民族建筑文化。别具一格的吊脚楼宛若中国的“流水别墅”，这充分体现了少数民族尊重自然、顺应自然的生态理念，承载着天人合一、自然和谐的价值精神；汉江流域的荆楚文化内含奋发图强、开辟创新的精神，具有流域文化的地标性。所以，水不仅传承着水域历史文明，且承载着水域的理想、观念、价值,还彰显着水域的价值追求、精神追求。

第二,构建和谐流域,推动科学发展。随着社会经济、互联网络的飞速发展,影响人民思想观念的渠道、路径日益增多,人们的思想、观念、价值也日趋个性化、多元化,从而使得各水域地区在建设发展中面临着诸多突出问题,科学先进的水理念切实推动水域地区的科学发展。要充分认识到水对构建和谐区域的重要意义。文化传承着水域历史文明,彰显着价值精神,从而深刻影响着该水域人民的认识、思维、生活、实践等行为活动方式,这种影响是潜移默化的,也是持久且深远的。在一定程度上,不断为人们自由而全面发展增添无限的精神动力,激励人民不断完善自我,超越自我。此外,水在构建和谐水域地区进程中发挥着重要作用。从物质层面看,优质的水产品、合理的水规划、完善的水设施、优美的水生态环境等是构建和谐水域的基础条件。夯实基础条件,首要的问题是做好区域规划。区域规划是一项关乎地区未来的战略性工作,跨越度大,涉及面广。要以遵循自然规律、科学发展为准则,着力打造卓越的水生态体系,为构建社会主义和谐水域地区奠定坚实的基础。科学先进的水理念能够深入贯彻落实城市发展战略要求,紧紧围绕可持续发展这一科学导向,在调研分析、战略部署、目标实施等方面投入大量的精力,并以科学化执行措施为支撑,构建科学合理的区域发展格局,实现规划、建设与发展的良性互动,从而在根本上增强区域发展的科学性。从精神层面看,健康向上的价值观念、底蕴深厚的水文化是构建和谐水域地区的重要支柱。水价值观念、水哲学、水文化等共同形成水域地区的水文化精神体系,是一座水域地区长期建设发展的重大成果,引领人们在思想上、道德上全面提升,形成团结和睦、奋发向上的精神力量。从制度层面看,完善的水制度、先进的水管理等是构建和谐水域地区的重要保障。

第三,全面提升核心竞争力。科学先进的水理念对提升水域地区核心竞争力有着极为重要的作用。主要体现为:一是增强凝聚力。水域地区发展的好坏与文化凝聚力、人民归属感有着极为密切的关系。任何地域发展的主题归根结底是人民群众。科学先进的水理念体现为从思想上、组织上、制度上积极开拓创新,从而充分调动最广大人民群众的积极性,不断强化人民主体地位,增强人们的责任感与使命感,有效激发人们的创造力,促使人们争做主人。科学先进的水理念极大增强市民的认同感,增强水域地区的凝聚力,形成了强大的内聚合力。从本质上而言,通过努力将全社会的各方力量凝聚起来为水域地区建设发展服务,进而为该区域的建设发展添增无限的、不竭的内在动力。二是提升吸引力。具有科学先进水理念的水域地区能够对内不断加强生态建设、完善区域功能、创新社会管理等有效举措夯实发展基础,提升综合实力;对外不断加强宣传力度、加大品牌推介力度等树立良好的形象,提升综合影响力。具有科学先进水理念的水域地区提升吸引力主要体现在三个方面:其一,对人才的吸引力。品质卓越的城市通过不断营造尊重人才的浓重风味,完善人才优惠政策,为人才提供广阔的发展平台与发展空间,极大地激发人才的发展潜力,为人才集聚效应的发挥奠定基础。其二,对投资的吸引力。具有科学先进水理念的水域地区通过开拓新思维、挖掘新潜力、开发新资源等方法举措,充分发挥品牌效应、资源效应、区域效应,着力打造更加开放、更加和谐稳定的投资环境,从而提升该区域对投资的吸引力。其三,对消费的吸引力。消费群体的吸引力主要体现在产品优良、形象好坏等,具有科学先进水理念的水域地区凭借优质的产品、良好的口碑与形象等,吸引着诸多旅游、购物等消费群体。很多城市都在着手打"水生态牌",做"水文章",例如,南宁着力打造"水畅、湖清、岸绿、景美"的现代亲水城市,烟台按照"一横两核贯四纵,三带四水润港城"的总体布局,全力打造人水和谐的生态之城。三是提高承载力。水域地域的建设发展面临着人口、资源、经济、生态环境等问题,具有科学先进水理念的水域地区则在其规划、建设、发展进程中切实做好规划工作,开拓新的经济发展方式,并全面加强减灾防灾,从而提高资源承载力、环境承载力和生态系统承载力、基础设施承载力等,进而实现政治、经济、文化的可持续发展。

第二章 水文化概论

水是一种自然资源，是自然的一个要素，是地球上分布最广的一种物质形态，浮天载地，无处不在，更是地球万物赖以生存的物质基础。水是生命之源，世界因水而有生命、有生机。同时，水也给世界带来了灾荒、贫穷、恐惧、不安。

水是人们生存、生活的物质基础，地球表面被 70% 的水覆盖，人体本身也是由 75% 的水组成，世间万物都与水紧密相连，可谓生命之源、生命之本。水与人类的身体、生活、情感、环境、思想以及哲学、文化、艺术都存在着紧密的联系。

第一节 水文化的内涵

水，是民族的哲学源泉和智者的思想之本，尼罗河孕育了灿烂的古埃及文明、两河流域（幼发拉底河和底格里斯河）创造了辉煌的古巴比伦王国，地中海成为古希腊文化的摇篮，恒河奠定了古印度文明的兴盛，而长江和黄河更让我国古代的先哲贤圣们从水性中得到修身养性之法、处世齐家之道，并升华为治国、安邦、平天下的博大精深的思想文化体系。《管子・水地》提到："水者，何也，万物之本源也，诸生之宗室也。"水文化是文化的重要组成部分，是一种体现人与水的关系的文化，反映文化的价值观。在不同时间、空间，由不同的族群创造出来的水文化，是各有特质与魅力的，这些特质与魅力，是其核心价值观念或价值取向的外在表现。

水文化是文化的一个组成部分，它反映文化的价值观。挖掘水文化的内涵实际上就是寻找"人水和谐共处"的规律，是一种体现人与水的关系的文化。究其本质应是因水而产生的"化人"的过程，或因水而形成的"自然的人化"，这里的"自然"，既包括与人对立的自然，也包括自然状态的人本身,即人类身心的自然属性。我国水文化博大精深、源远流长,对水文化概念的研究兴起于20世纪80年代末,特别是2011年水利部发布《水文化建设规划纲要(2011—2020年)》以来,学者们对水文化的研究表现出极大的兴趣,近些年来,涌现出了一大批优秀的研究成果。1989年,李宗新首先提出了"水文化"研究的新课题。截至2018年年底,在中国知网上以"水文化"为关键词进行查询,总共仅1 379篇文献。"水文化"的研究范围主要聚焦在水文化遗产、水景观、水生态文明等方面。从现有学者的观点分析来看,学界对水文化的界定主要分为两大流派。部分学者认为水文化是人类在与水打交道的过程中所产生的精神文明的总和,代表性观点有"水是万物的源泉,是国家繁荣的基础,水的管理必须兼顾平衡。这是传统水文化中对水的基本认识。人类因水而兴、以水为师,体现了对于追求人水和谐是历史上形成的水文化的精神价值所在"❶。"水文化主要是指作为群体的水事活动方式(这种方式通常表现为制度规范和人们的水事行为),以及那些在人类的治水行动实践中所创造出的精神产物"❷。

另一部分学者认为水文化是人类与水在打交道过程中所形成的一切事物的合集,包括物质、精神、行为等各个方面。代表性观点有"水文化是指人类在生产和生活中与水有关的各种文化现象的总和,是以水为载体的民族文化的合集。"❸"水作为自然资源,自身并不能形成文化,而文化的主体是人,只有当水与人发生了联系,有了用水、治水和管水的创造,才能形成水文化。人类活动与水发生关系所产生的以水为载体的各种文化现象的总和。"❹"水文化是人类在管水过程中,对水的认识、思考、行动、治理、享受、感悟、抒情等行为,创造的以水为载体的所有物质财富和精神财富总称。"❺"水文化是人类在与水打交道的社

❶ 王培君. 传统水文化的哲学观照[J]. 河海大学学报(哲学社会科学版),2009,11(3):6-8.

❷ 赵爱国. 水文化涵义及体系结构探析[J]. 中国三峡建设,2008(4):10-17.

❸ 靳怀堾. 打造水文化的传播平台[N]. 中国水利报,2012-08-30.

❹ 王义加,傅梅烂. 杭州水文化传播途径略论[J]. 新闻界,2010(6):69-70.

❺ 左其亭. 水文化研究几个关键问题的讨论[J]. 中国水利,2014(9):56-59.

会实践活动中所获得的物质财富、精神财富、生产能力的总和,水文化是中华民族文化的重要组成部分,水文化的主体是水利文化"❶。"水文化是指人类以水为基础所产生的生活方式、生产方式和相应的思想观念。"❷"水文化是人类认识水、使用水、管理水的相关文化"❸。

综上所述,水文化是文化的重要构成部分,是文化中基于水的那一部分,是一种体现人与水的关系的文化。究其本质应是因水而产生的"化人"的过程,或因水而形成的"自然的人化",这里的"自然",既包括与人对立的自然,也包括自然状态的人本身,即人类身心的自然属性。结合水利行业自身特点,本书将水文化定义为人类社会实践过程中所创造物质层水文化(如水体、水域、水工程、水环境)、精神层水文化(包括观念、习俗、精神等)、行为层水文化(水工程的建设、运营、管理及社会广泛的涉水活动,及依此而形成的礼仪、民俗、风俗等)、制度层水文化(水制度、水政策、水法规、涉水的乡规民约)等四个层面的总和。❹

第二节 水文化的生成机理

水文化之所以能够形成与发展,究其根本,在于水文化有着其独特的内在机理。从水文化的诸多要素及其相互作用的关系看,水文化的生成与发展的内在机理体现在以下几点。

一、水文化生成的理论基础

(一)中华传统文化对涉水实践的理论观照

从某种程度上说,一方面,水孕育中华民族,且在长期历史进程中,涉水实践成为人们社会生产实践的重要组成部分。在这一过程中,中

❶ 李宗新.再论水文化的深刻内涵[J].水利发展研究,2009(7):71-73.
❷ 葛剑雄.水文化与河流文明[J].社会科学战线,2008(1):108-110.
❸ 郑晓云.水文化的理论与前景[J].思想战线,2013(4):1-8.
❹ 李可可.水文化研究生读本[M].北京:中国水利水电出版社,2015:37.

华传统文化对涉水实践有着最为直接的渗透与影响，进而逐步形成丰富的水文化，成为中华民族最具光辉的文化财富。我国历史上极负盛名的水利工程不计其数，如京杭大运河、都江堰等标志性工程，是中华民族涉水实践的智慧巅峰，更是中华民族创造力的象征。需要指出的是，这一系列造福人民的千年工程承载着中华传统文化的精髓，而历朝历代的治水实践中，都深刻地契合了中华传统文化的思想精髓，如大禹的疏导洪水之法、西汉贾让治河三策中的“上策”、潘季驯的“筑堤束水、以水攻沙”的治黄方略，等等，无不包含天人合一、道法自然、因地制宜和因时制宜等丰富的古代哲学思想。反之，人们长期以来的涉水实践又积淀了先进的、丰富的治水理念、方法等，如大禹精神、以水为师，以及诸多涉水实践中所形成的坚韧不拔、人水和谐等精神价值，都是水文化生成与发展的重要来源。

（二）亚当·斯密和马克思的分工协作理论

亚当·斯密在《国富论》中认为，分工协作实际上适用于一国内部的不同职业之间、不同工种之间的基本原则，同时在各国之间，国际化的分工中也同样适用。通常情况下，自由贸易会引发分工，有利的自然因素，良好的生产基础都会形成分工。倘若国家之间都按照自身有利的生产条件和劳动分工进行发展，各国的资源和劳动力都会被有效利用，这样劳动生产率就会得到很大的提升。斯密的理论是按照各国绝对有利的生产条件进行的分工理论，称为绝对成本理论。

马克思在讨论分工时，反对从一般分工来讨论，如他在批判蒲鲁东时强调：“在蒲鲁东先生看来，分工是一种永恒的规律，是一种单纯而抽象的范畴。所以，抽象、观念、文字等就足以使他说明各个不同时代的分工。”“市场的大小和它的面貌所赋予各个不同时代的分工的面貌和性质，单从一个‘分’字，从观念、范畴中是很难推论出来的”。“亚当·斯密经常混淆这些极不相同、虽然互相补充但从某种意义上来说也互相对立的分工。”其根本原因是，“亚当·斯密没有把分工理解为特殊的、别具一格的、标志着资本主义生产方式的特征的形式”。由此可见，马克思、恩格斯在使用分工一词时，更多地强调资本主义社会分工的现状，他们一直反对将社会分工的概念抽象化和永恒化。那么，我们就从马克思所看到的分工的具体问题来剖析。归根结底,水文化的形成与发展也是源自社会分工协作。

二、水文化的属性及特点是其集聚发展的现实依据

水文化兼具社会属性与经济属性。从水文化属性与特征来看,水文化具有很强的开放性、渗透性,以及兼容性。就本质来说,水文化发展一方面向理论的横向拓展,另一方面向实践的纵向延伸,进而实现信息、资源等各要素的有机互补。换言之,水文化本质上就是一个立体多元的理论体系,其和政治、经济、法治等形成了良好的互补。加之,任何的实践本身都蕴含着一定的文化元素,涉水实践从本质上促进其与文化的紧密结合。在这样的情况下,水文化发展便成为一种顺理成章的事。此外,水文化的形成与发展进一步加强文化辐射力,不断引导广大文化消费群体的集聚,形成了具有叠加效应的立体化的产业格局。水文化与水相关产业密不可分。以水文化旅游产业为例,水文化一方面是旅游产业的重要资源,另一方面旅游又为水文化的繁荣发展增添强劲的动力。诚如时任中央宣传部部长刘云山所言:文化是旅游的灵魂,旅游是文化的载体。[1]

三、水文化发展的内生动力

第一,文化市场需求是水文化发展的驱动力。随着人们物质生活水平的不断提高,人们的消费重心转向精神层面,人们对精神文化的需求持续增强。单一的物质条件已难以满足人们日益丰富多元的精神文化需求。这为水文化发展奠定了坚实的消费市场基础,如水生态休闲旅游等产业。另外,社会经济的快速发展,不断丰富各种精神文化形态,为水文化创造了物质条件。

第二,经济效益与社会效益相统一是水文化发展的原动力。追求经济利益是一切文化企业组织的本质目的,与此同时,文化企业肩负着

[1] 刘云山. 文化是旅游的灵魂——在 2010 博鳌国际旅游论坛上的主旨演讲[N]. 光明日报,2010-03-24.

高度的社会责任感。也就是说,文化企业不仅要追逐利益,还要担负着生产文化产品、传播文化思想的重要使命。经济效益和社会效益的有机统一,促使水文化的发展,以形成更加开放的营运管理环境,获取更大的产业增值,实现更广的社会效益。

第三,资源优化配置是水文化的向心力。水文化需要不断优化生产要素与资源,集聚发展可最大化促进各类涉水实践活动的资源融合与共享,以利于良性竞争,优胜劣汰,促使水文化结构更加优化,布局更加科学。

四、水文化发展的外在动力

一方面,政府主管部门,以及行业协会扮演主推手。水文化发展,市场在其中起了决定性的作用,政府主管部门及行业协会同样扮演着重要的角色。有时政府通过政策引导、项目扶持、资金支持等手段主导水文化发展,如建立示范性的产业园区等。通常而言,政府利用土地、政策、资金等资源优势,引导更多的资本流入,更好地促进当地经济的快速发展。另一方面,现代科技对水文化发展具有催化作用。互联网、大数据等现代信息技术的飞速发展与广泛应用,为水文化发展提供了强大的科技支撑。依托现代信息技术,打造智能化管理应用平台,极大地满足水文化发展需求。

第三节　水文化的功能

水文化是一个古老而又新颖的文化形态,其展现的功能对推动人类社会发展具有极其重要的作用和价值。这就要求我们要充分认识水文化的功能,深入挖掘传统水文化的内涵,不断弘扬水文化精神。李宗新、闫彦在《中华水文化集》中总结了水文化的八种功能,具体如下。

一、教化功能

教化功能即教育和感化的功能,这是一切文化的基本功能。水文化的教化功能主要表现在以下三个方面。

(一)有助于提高人们的思想道德素质

水文化作为一种观念形态的文化,对人的思想观念、道德情操、精神意志、智慧能力等方面有着潜移默化的直接或间接影响。千百年来,中华民族在认识水、治理水、开发水、保护水和欣赏水的过程中,领悟出许多充满智慧的思想。水的这种自然特性,能给予人们勇敢、坚定、包容、灵敏、公平、意志、礼义等启迪作用,对人们的人格塑造具有重要作用。曾有"以水为师"的名言,如"水太满即溢",寓意为人做事要懂得适可而止;"水深则流缓",表示水越深,水流的速度反而越平缓,它越能负载更多,胸怀越宽广,越能容纳清浊百川。"水能载舟,亦能覆舟",寓意要辩证地看待问题。"覆水难收",寓意做事要三思而行。"滴水之恩,涌泉以报",寓意要知恩善报。"上善若水"、水"几于道"和"知者乐水"等都是以水比德。因此,水能启示人们要树立正确的世界观、人生观、价值观。要做高尚的人,纯粹的人,脱离低级趣味的人,有益于人民的人:要做有理想、有道德、有文化、有纪律的"四有"新人。

(二)有助于提高人们的科学文化素质

科学文化知识是水文化的重要内容。我国几千年的治水实践积累了丰富而先进的水利科学文化知识,长期以来一直走在世界的前列,我们应该通过传授加以继承和发展。当今,知识、智力等无形资产已成为资源配置的第一生产要素,要求更加增强人们的文化意识,转变观念,统一思想,把发展水利事业从依靠有形资产为主,逐步转移到依靠智力、知识等无形资产上来,应用高新科技来武装现代水利,推进水利事业现代化建设。

(三)提高全社会的水意识

水意识包括爱水、惜水、护水和水患意识。水与人们生产生活、经济发展、社会进步关系极为密切,通过弘扬水文化,呼唤全社会都来进一步关注水、珍惜水和保护水资源。因此,要通过水文化的宣传教育,使广大人民群众知道水资源的珍贵,保护水资源的重要性以及预防水旱灾害对人类造成危害,培养人们爱水、惜水、亲水的生活方式,从而为建设人水和谐的社会而共同努力。

二、凝聚功能

凝聚力是水文化的核心作用部分。水文化的凝聚功能主要通过核心价值观来体现。胡锦涛总书记在党的十七大报告中谈到加强社会主义文化建设时，提出要“建设社会主义核心价值体系，增强社会主义意识形态的吸引力和凝聚力”。以后又对中国人民解放军提出了现代革命军人“忠诚于党、热爱人民、报效祖国、献身使命、崇尚荣誉”的核心价值观。这些都是为了增加全国人民和全军的凝聚力。

文化是民族凝聚力和创造力的源泉。水利行业如果没有自己行业的文化，没有自身特色的先进思想、精神支柱、哲学理论的引领，就没有团结奋斗、共同富裕的思想基础，就难以维系长期的存在和发展，就与现代社会的要求不相适应，就不会有更加美好的未来。2009 年，水利部部长陈雷多次在工作报告中指出：要根据社会主义核心价值体系建设的根本要求，以可持续发展水利的宏伟目标凝聚力量，以民生水利的重要理念引领实践，“献身、负责、求实”的水利行业精神鼓舞斗志。这一讲话对水利行业核心价值观的形成有着重要的启示作用。

三、引领功能

作为意识形态的文化是来自实践而高于实践，因而能指导实践。先进的水文化包括科学的水理论、治水思路、先进技术等；包括水利工作的方针、政策等。这些对水利事业的发展都有重要的引领作用。联合国教科文组织总干事松浦晃一郎说：“水资源的管理与治理，要充分考虑到文化与生物的多样性，水实际上有强大的文化功能。尽管科学技术对于了解水循环和利用水资源至关重要，但是，科学技术要适应具体环境，并且反映人民的需要和期盼，而这些要受到社会和文化因素的影响。水资源管理本身应该视为一种文化进程。”由此可见，先进的水文化对水利事业的发展有着重要的引领作用。

四、激励功能

激励是激发人的某种行为动机、调动人的积极性的心理过程。激励功能是激励人们奋发向上、不断进取的功能。水文化的激励功能主要是精神的激励。水精神和水利行业精神集中体现了中华民族的伟大智慧、创造能力和优秀品质，激励着广大水利工作者，为了人民的利益艰苦奋斗，前赴后继，创造古往今来的水利事业的辉煌。例如“万众一心、众志成城，不怕困难、顽强拼搏，坚忍不拔、敢于胜利”的伟大抗洪精神，是爱国主义、集体主义和社会主义精神的大发扬，是中华民族精神的集中体现。激励着无数抗洪英雄奋不顾身、舍生忘死、慷慨赴难、视死如归，使天地为之动容，世人为之赞叹。正是这种革命英雄主义的鼓舞，伟大的中华民族才能始终坚强地立于世界民族之林。“献身、负责、求实”的水利行业精神，丰富和发展了中华民族的精神内涵，已成为当代水利人的精神支柱，激励着广大水利工作者为实现我国现代水利事业又好又快的发展而努力奋斗。

五、传承功能

传承功能是指水文化由于具有历史的连续性和继承性，可以通过传达、传递和传授达到继承和弘扬的功能。任何文化一旦形成，不仅作用于当代，而且影响未来。中华民族在长期的治水实践中，既创造了光辉灿烂的文明成果，也饱尝失败的艰辛和教训，值得今天充分地重视和借鉴。在治水理论方面，大禹采取“疏导”的方法治水，对于后世关于堵塞与疏导关系的认识产生了重大影响；西汉贾让治河三策中的“上策”，充分体现了人与洪水和谐相处的思想；潘季驯在长期治黄实践中总结出的“筑堤束水、以水攻沙”的治黄方略，体现了治黄的系统性、整体性和辩证法观念，对今天的黄河治理仍然有着十分重要的意义。在水利工程建设方面，例如，都江堰主体工程将岷江水流分成两条，将其中一条水流引入成都平原，既可以分洪减灾，又能引水灌田、变害为利，并在飞沙堰的设计中很好地运用了回旋流的理论，是水工设计中遵循自然规律、利用自然规律的典范。

六、审美功能

审美是一种欣赏美和创造美的实践活动，是一种满足人们精神需要的心理活动。美，是道德规范的基本内容，常言道：爱美之心，人皆有之。什么是美，因人的文化素养和审美情趣不同而不同。具有较高文化水平的人，就会有较高的欣赏美和创造美的能力，就能以更美的东西来满足人们的精神需要。这里主要从水环境和水工程两方面看水文化的审美功能。

从水环境看，水为人们创造了许多无限美好的境界。茫茫的海洋、滚滚的江河、潺潺的涧溪、飞挂的瀑布、粼粼的湖荡、清澈的山泉，构成了地球上千姿百态的“水体”景色，与自然和人文等要素组合成奇妙多彩、文雅别致的风景名胜，给人以美的享受。刘禹锡在《浪淘沙》中写道：九曲黄河万里沙，浪淘风簸自天涯。如今直上银河去，同到牵牛织女家。写出了黄河河源高悬于云天外，仿佛是从天上的银河倾泻下来的气象。苏轼在《饮湖上初晴后雨》中写道：水光潋滟晴方好，山色空蒙雨亦奇。欲把西湖比西子，淡妆浓抹总相宜。把西湖比作古代美女西施，西湖遂又多了一个雅号：西子湖。这些水景观美不胜收。

从水工程看，过去人们常常是只重视水工程技术层面，而忽视了工程本身的艺术效果，随着我国人民物质文化生活水平的不断提高，人们对水工程、水环境在满足除害兴利要求的同时更加重视其文化功能，提出了亲水、爱水、嬉水的文化需要。在此情况下，在水工程建筑的规划设计中，应该更新设计和建设观念，更加注重水工程的文化内涵和人文色彩，既要融会中国传统水文化的精髓，又要富有时代气息，展示艺术魅力，还要采用中国老百姓喜闻乐见的方式，形成中国特色的水利工程建筑风格，彰显中国当代水文化和建筑文化的绚丽色彩。使每项水工程成为具有民族优秀文化传统与时代精神相结合的工艺品，成为旅游观光的理想景点、休闲娱乐的良好场所、陶冶情操的高雅去处，满足人们亲水、爱水、嬉水、休闲、娱乐等文化的需求。为美化人们的生活，提高人们的生活质量，提供优美的环境。

七、规范功能

水文化的规范功能是指规范实践层面水事活动的功能。主要包括两方面的内容：一是法律、法规、条例、规章、制度、办法等强制性行为规范，这些都是水文化中制度文化功能的集中体现，这是一种非情感、超意志的强制性的规范功能。这种水文化的规范功能不仅规范从事水事活动人们的行为，而且要求全社会的人都要共同遵守，如中华人民共和国的公民都要遵守《中华人民共和国水法》。二是人们遵循长期以来在水事活动中形成的基本道德、习惯、行为准则及对水和水利的价值判断标准，这是一种情感、意识的内在强制性的规范功能。例如，广大水利工作者，为了除水患，兴水利，造福人民，长期自觉艰苦奋斗在水利战线上，为发展我国的水利事业默默奉献。又如广大的水文工作者，每到汛期，越是风高浪急，越是要去测水位、查汛情，这些都是水利职工在长期的水事活动中形成的基本道德规范和行为准则。[1]

八、孕育功能

水孕育了人类文明和民族的生存与发展。从人类的祖先类人猿开始，没有一天不与水打交道，无论是旧石器时期文化，还是新石器时期文化，大都是在江河湖海之畔产生的。一个民族的形成和发展总是与文化的形成和发展相伴而行，且首先是与水文化的形成和发展相伴而行。因此，水文化参与了人类文明与中华民族孕育和发展的全过程，催化了人类文明与中华民族的生存和发展。人类文明的发祥及发展与水密不可分。自从人与水发生联系而产生了水文化以后，水文化就与人类文明的生存和发展结下了不解之缘。尼罗河孕育了古埃及文明，幼发拉底河和底格里斯河诞生了古巴比伦文明，印度河催生了古印度文明，黄河与长江哺育了华夏文明。而这四大文明的盛衰存亡也都与水和水文化的状况紧密相关。古巴比伦文明在发展了近 4 000 年后被埋藏于沙漠之下。根本原因是古巴比伦人只知道引水灌溉，不懂得排水洗田，由于缺乏排水，致使美索不达米亚平原的地下水位不断上升，淤泥和土地的盐渍化，终于使古巴比伦生态系统崩溃，高大的神庙和美丽的花园都随着人们被迫离开家园而坍塌，如今在伊拉克境内的古巴比伦遗址已是满目荒凉。

[1] 李宗新，闫彦. 中华水文化文集[M]. 北京：中国水利水电出版社，2012：13-16.

第三章 水文化研究的时代背景与现实意义

第一节 水文化研究的时代背景

对水文化进行深入研究,首先要做的是,把握水文化与时代背景之间的关系。既要对水文化研究的时代背景及要求进行深入的分析,也要充分把握水文化与时代背景的内在关系。

随着全球化的持续深入,科学技术的不断进步,文化在经济发展与科技进步中的作用日益凸显。鉴于此,世界各国都在积极谋划文化发展战略规划,以实现创新驱动,文化强国的战略目标。党的十七届六中全会首次提出了建设社会主义文化强国的奋斗目标。标志着我国正式把文化强国上升到国家战略高度。党的十八大把扎实推进社会主义文化强国建设,作为"五位一体"总体布局的重要组成部分。党的十九大则提出"要坚定文化自信,推动社会主义文化繁荣兴盛。"认为"没有高度的文化自信,没有文化的繁荣兴盛,就没有中华民族的伟大复兴。"党的十九大报告从文化自信的维度将文化强国的重要性提升到一个新的高度。十九大报告中,文化建设有几个鲜明的特点:一是新时代文化建设的目标,即建设社会主义文化强国。二是新时代文化建设的着力点,即秉承中国的文化价值理念,坚持中国的文化立场。三是新时代文化建设的基本要求,即三个坚持:坚持为人民服务、为社会主义服务,坚持百花齐放、百家争鸣,坚持创造性转化、创新性发展。总的来说,在"五位一体"总体布局和"四个全面"战略布局下,新时代文化建设所面临的历史性机遇是前所未有的。在这里,从经济与生态两个方面分析水文化研究的背景。

一、经济飞速发展为水文化繁荣发展奠定基础

从经济发展的时代背景看，经济的快速发展为水文化繁荣发展奠定了坚实基础。一方面，全球经济发展。新的科技革命和产业革命已经走向历史的起跑线，世界经济、科技必将迎来新的“裂变式”发展。新时期的世界发展必然迎来第三次科技革命，这一次科技革命将以互联网技术应用、新能源与新材料的开发为基石，不断发挥各自比较优势，重新构建全球性的利益分配新格局，因此是划时代的，是极具突破性的。而这一次科技革命的开启恰逢我国经济转型发展的关键时期，历史性的交汇为我国实施创新驱动战略提供了巨大的历史机遇。为此，世界各国已加快了科技创新的脚步，全力推动新兴经济的发展，特别是以美国、欧盟、日本等为代表的西方发达国家，更是将科技创新、战略性新兴产业作为国家战略发展的重中之重。当今世界的发展，已逐步实现了由投资驱动向创新驱动的转变。对于错过了前两次世界工业革命良机的我国而言，面对这样的世界性机遇，必须主动对接，大力提高自主创新能力，争取在全球经济竞争中的主动权。另一方面，国内经济发展。文化的繁荣必须根植于经济的发达，任何一个时代，经济发展都与文化繁荣相辅相成，没有文化的繁荣同样不会有经济的发展，经济发达是文化繁荣的前提与必要保障。经过改革开放四十多年的发展，当代中国已经成为世界第二大经济体、第一大工业国、第一大货物贸易国、第一大外汇储备国，连续多年对世界经济增长贡献率超过30%，成为世界经济增长的主要稳定器和动力源❶。人类发展历程表明，没有好的文化引领，人们的精神世界就不会得到极大丰富，全民族的创新精神就不会得到充分发挥，一个国家、一个民族就不可能屹立于世界民族之林❷。当今时代，文化在各国综合国力竞争中的作用日益凸显，越来越成为民族创造力和凝聚力的重要源泉，文化在经济发展与社会进步

---

❶ 中国新闻网. 纪念改革开放40周年——经济发展篇[EB/OL]. https://baijiahao.baidu.com/s?id=1618810279569272077&wfr=spider&for=pc,2018-12-03.

❷ 李宗新，靳怀堾，尉天骄. 中华水文化概论[M]. 郑州：黄河水利出版社，2008.

中的作用日益凸显,同时经济飞速发展也为文化繁荣奠定了基础。但是,2008 年国际金融危机暴发以来,全球经济增长乏力、政府债务危机加深、社会事业大量出现,中国也出现以产能过剩、经济放缓、结构调整为标志的经济新常态。在此背景下,水文化作为文化产业的重要载体之一,尚可凭借其独特的文化价值、潜在的影响力和辐射力,成为现代第三产业发展的新亮点。

二、生态可持续发展召唤水文化建设

从生态发展的时代背景看,可持续发展呼唤水文化建设。发展是人类永恒的主题。人们对发展的内涵、本质,以及措施等问题的理性思考和实践总结,从根本上指导和影响着人们的发展实践。在人类跨入 21 世纪之际,尽管已取得了前所未有的发展成果,然而,面临不断恶化的生存环境、生态和资源的匮乏,世界水生态问题日益突出,水问题越来越成为社会更快、更好、更科学、更健康发展的桎梏,越来越多的人开始意识或认识到可持续发展的重要性和必要性。改善人与水的关系,应对全球性的水生态危机,成为当前社会发展的现实课题。自进入现代工业时代,传统自然经济逐步没落,走向终结,此后的发展理念不断升级,如传统发展观、可持续发展观、科学发展观等,从另一个层面来看,体现了人们对发展的规律性有了更深刻的认识、探索与总结。特别是习近平提出的"创新、协调、绿色、开放、共享"的新发展理念,批判地继承了以往发展理念的优点及合理因素,克服了以往它们的不足和缺陷,集中反映新时代我国社会、经济、文化、生态等各个领域发展的现实要求。那么,必须在水文化探索研究中坚持与贯彻新发展理念。从长远发展的维度来说,水文化研究是解决水环境问题,以及实施水生态可持续发展战略的重要路径。必须高度重视水生态教育,以及水文化研究,全面提高新时代人们的水环境生态意识,不断向社会输送水生态保护、水文化研究的专门人才。当前,必须具有水危机与忧患的时代紧迫感,首当其冲的是建一支具备新时代水生态知识的高素质专业性人才队伍。

第二节　水文化研究的现实意义

中华人民共和国成立以来,特别是改革开放40余年来,我国水文化建设与发展取得举世瞩目的成绩,主要表现在:一是水文化建设与我国物质文明、精神文明建设的结合更加紧密,水文化建设的重大意义在人们的思想认识中不断深化。二是水利工程建设被赋予更多的文化内涵,一批批水文化产品,以及具有丰厚文化内涵的水利工程得以建成投用,发挥着极为重要的社会、经济、文化价值;水文化精神在水利工程建设中得到进一步彰显和弘扬。三是水文化研究队伍持续壮大。基本形成区域分布和层次结构合理的水文化研究队伍,取得了不少研究成果。经中国知网数据统计,1989年以来,国内学者发表水文化相关的论文近4 200篇。四是水文化备受关注,人水和谐的理念深入人心。全社会的水生态观念持续增强,人民的水危机与忧患意识、水节约与环保意识方面有了跨越式的进步,对“绿水青山就是金山银山”的新发展理念的认识与领悟更加深刻。

与此同时,必须清醒地认识到:一是当前人们对水文化引领现代水利事业建设与发展的重要支撑作用认识不足。二是与水相关的法规体系尚待进一步完善,相关的体制机制尚未建立健全。三是水文化研究与当前发展实际问题的结合度还不够深。四是水文化的教育与传播依然不够深入,不够广泛。五是水文化人才匮乏,特别是高层次、高水平的领军人才少之又少,亟待加强。水文化建设是坚持以人民为中心的必然要求,是提升水工程文化内涵的有效手段,是传承保护好水利遗产的现实需要,也是推动水生态文明建设的有力举措。与此同时,应清醒地认识到,水文化是民族文化的重要组成部分,加强水文化建设是中国特色社会主义文化建设的重要内容和应有之义。目前,我国水文化研究还存在以下短板:一是当前我们对水文化引领现代水利事业建设与发展的重要支撑作用认识不足;二是水文化研究与当前水利工程建设、水环境、水生态等发展实际问题的结合度不够深;三是水文化的教育与传播依然不够深入、不够广泛;四是水文化人才匮乏,特别是高层次、高水平的领军人才少之又少。深入挖掘历史传承下来的弥足珍贵的水文化精神财富，弘扬、传承和发展好中华治水历史中孕育的丰富的治水精神，积极创造无愧于时代的先进水文化，将是时代赋予我们的一项新课题。

一、拓宽文化研究理论体系

2009 年，时任国家水利部部长陈雷在首届中国水文化论坛上的讲话中明确提出："要围绕人与水、社会与水、经济与水的关系，从历史地理、风土人情、传统习俗、生活方式、行为规范、思维理念等方面，多角度、宽领域、全方位加强水文化建设，建设较为完整的水文化理论体系。"2011 年，水利部出台了我国第一部水文化建设纲要性文件，即《水文化建设规划纲要（2011—2020 年）》，其中，提出了一个任务目标："逐步达到对水文化本质的总体认识，构建具有中国特色，内容较为完善的水文化理论体系，使水文化成为一门新型的学科。"当时提出了"水文化理论体系"的概念，事实上，水文化理论仅仅是文化理论体系的一个分支。总体来看，目前学术界对于水文化的研究还比较泛化、零散，尚未形成较为系统性、综合性、实践性强的体系化研究成果。水文化研究者们必须要从水文化的概念出发，理清水文化的内涵界定及基本要素，研究水文化的生成与发生、发展规律，把握其基本特征。同时，新时代条件下，研究水文化对政治、经济、文化、生态等各个领域的功能如何发挥，作用如何体现。探索水文化与文化之间的关系，以及水文化对文化强国、国家文化软实力等方面提升的路径，以有效地拓展整个文化研究的理论体系。

二、传承与丰富水文化精神

当前，水文化传承与宣传的载体较多，如书籍、博物馆、电影等，这一系列载体综合了收藏、展陈、科普、宣传、教育、研究和交流等功能，对人类几千年的水利历史和文化进行了生动的再现，诠释历史以来的水实践的起源和文化内蕴，表达人们爱水、护水、用水，与水和谐共生的美好愿景。深入开展水文化研究，能够更好地传承与丰富水文化精神。

一方面,传承水文化精神。水文化源自人类几千年文明历史所孕育的文化精髓,熔铸于人们在水实践中创造的精神价值,植根于人们伟大的水实践。换言之,水文化是人类水实践历史的文化象征与精神记忆。如大禹治水、李冰治水等。水文化的载体与形式多样,内容丰富,是人类文化的重要组成部分和表现形态。诸多流传至今的水风俗或节日,都具有其独特的文化内涵,凝聚着人们的智慧,体现着水文化的特点。通过水文化研究,既传承着人们对美好的理想信念与伦理道德的追求和向往,又弘扬着水文化精神及理念。另一方面,丰富水文化内涵。时至今日,水文化的探索与研究依然是时代的热潮。2020 年全国水利工作会明确提出"着力推进水文化建设"的总要求。2021 年全国水利工作会将水文化纳入水利"五位一体"建设目标,提出"在先进水文化方面,保护传承弘扬以黄河文化、长江文化、大运河文化为代表的优秀治水文化,实现水文化创造性转化、创新性发展"。深入挖掘黄河、长江、大运河等文化内涵,积极探索推进水文化建设的新途径,全面提高全民亲水、爱水、节水、护水意识,持续不断发展和繁荣水文化,为水利改革发展凝聚强大正能量。

三、践行"绿水青山就是金山银山"新理念

人类历史发展过程中,人们对环境保护缺乏较为深刻的认识。特别是工业革命后的很长一段时期内,世界的主流是发展。直到环境持续恶化,严重影响人们生存、生活、生产的安全。其中尤为著名的是,20 世纪 30 年代至 60 年代发生的"八大公害事件"。其根本原因在于现代化学、冶炼、汽车等工业的兴起和发展,环境污染和破坏事件频频发生。"八大公害事件"发生后,越来越多的国家和人们开始反思环境保护问题。当今世界,如何平衡与发展之间的关系,成为社会发展的重中之重。以我国为例,改革开放 40 余年所取得的经济成就举世瞩目,相应的也付出了较大的资源环境代价。究其原因,根本上在于没有科学、正确地处理好发展与保护的关系。近年来,习总书记高度重视生态环保建设,提出了"建设美丽中国、实现永续发展"的宏伟目标。那么,要想实现这一宏伟目标,必须要立足于当前我国经济与生态发展实际,重

新审视发展与保护之间的关系，关键在于要以“绿水青山就是金山银山”新理念来指导实践。就其本质来说，习近平提出的新理念系统阐明了保护与发展的辩证统一关系。从水文化研究的维度，深入贯彻与应用好这一新理念，可从三个方面进行理解与把握。第一，水保护的本质目的在于实现更好的发展。水保护与社会、经济发展本身并不是对立的，而是辩证统一的。保护水生态，本质上来说就是保护生产力；改善水生态的根本在于发展生产力。水生态保护为实现永续发展奠定了坚实基础。第二，生态优先，绿色导向。开展水文化研究，就要不断践行水生态保护优先的观念，厚植‘绿水青山就是金山银山’的理念，让生态优先、绿色发展的观念深入人心。第三，将生态优势转化为发展优势。水文化研究在很大程度上能够挖掘水生态内涵，并通过创新思路与模式，进行优势转化。以湖北武汉市为例，武汉市素来就有“江城”和“百湖之市”的美名，其水文化优势尤为独特，经过历史的积淀，“大江大湖”已然成为武汉的文化符号。近年来，武汉积极探索“大湖 +”的水文化建设与发展模式，全力打造滨水生态绿城。正是因为武汉做好了水文化这篇大文章，生态文明城市、生态旅游城市的名片越来越亮。

第四章　水资源的开发与利用

什么是水资源？哪些资源属于水资源范畴？人们常常说的淡水资源是水资源开发与利用的主要资源，还有没有其他可利用、可开发的水资源呢？当前，全球水资源的现状是什么？水资源是不是真的短缺，甚至到了枯竭的地步？水资源为什么会成为未来各个国家都争夺的对象？本章将致力于解答以上问题，揭开水资源的神秘面纱，展示水资源开发与利用的真实现状。

第一节　水资源开发与利用概述

一、水资源开发与利用概念

（一）水资源概念界定

了解水资源概念，首先应了解什么是淡水，而人们通常所说的水资源是不是就是淡水资源呢？

1. 淡水

淡水即含盐量低于 0.5 g/L 的水，也就是人们通常所说的饮用水。地球 70% 以上被水覆盖，被人们形象地誉为美丽的蓝色“水球”，但淡水储量仅占全球总水量的 2.53%，也就是说只有 0.35 亿 m^3 的淡水，能被人类直接利用的淡水资源主要来自湖泊、河流、土壤湿气，还有埋藏相对较浅的地下水，这些淡水资源中可利用的部分不足淡水总量的 1%，而大部分的淡水资源被以永久性冰或雪的形式封存在南极洲和格陵兰岛。

2. 水资源

水资源是人类赖以生存的基本物质基础之一，也是人类生产、生活不可或缺的自然资源。针对“水资源”这一概念，国内外学界提法较多,还未形成统一的、公认的定义。如《英国大百科全书》将水资源定义为"全部自然界任何形态的水,包括气态水、液态水和固态水"。《中国水资源初步评价》将水资源定义为"逐年可以得到恢复的淡水量,包括河川径流量和地下水补给量,而大气降水量则是它们的补给来源。"

水资源作为人类长期生存、生活、生产活动中所需要的物质基础,也是地球自然界重要的组成部分。一般来讲,水资源有广义和狭义之分。广义的水资源主要有地表水资源、土壤水资源、地下水资源三部分。主要包括:地面水体——指海洋、沼泽、湖泊、冰川等;土壤水及地下水——主要存在于土壤和岩石中;生物水——主要存在于生物体中;气态水——主要存在于大气圈中。狭义的水资源,指逐年可以恢复和更新的淡水量,即大陆上由大气降水补给的各种地表、地下淡水的动态量,包括河流、湖泊、地下水、土壤水等。❶

关于水资源的定义,各国学术界都有不同的界定。水资源概念最早是由美国国家地质调查局于 1894 年提出的,自此人类开始关注水资源、水问题。1988 年,联合国教科文组织和世界气象组织共同制定的《水资源评价活动——国家能力评估手册》,将水资源定为:作为资源的水应当是可供利用或有可能被利用的,具有足够数量和可用质量,并可适合某地对水的需求且能长期供应的水源。❷ 2012 年,世界气象组织和联合国教科文组织在《International glossary of hydrology》一书中提出所谓的水资源是指一切可利用,且有一定质量、可以满足当地需求的水源。❸

我国对水资源开发利用的历史较为悠久,如秦代李冰主持修建的都江堰,使川西平原成为"天府之国";隋代开凿修建的世界上最早、最长的京杭大运河等,都是我国古代水资源开发利用的典范。但我国对

❶ 王腊春,史运良,曾春芬. 水资源学[M]. 南京:东南大学出版社,2014:2.

❷ 王腊春,史运良,曾春芬. 水资源学[M]. 南京:东南大学出版社,2014:2.

❸ 世界气象组织和联合国教科文组织. 水资源评价——国家能力评估手册[M]. 郑州:黄河水利出版社,2012.

水资源概念的界定，最早是在1998年科学技术名词审定委员会编纂的《水利科技名词1997》中提出来的：水资源是指地球上具有一定数量和可用质量，能从自然界获得补充并可资利用的水。❶ 从这一概念中可以看出，水资源既包括可直接利用的淡水资源，还应包括从自然界获得补充的或者通过开发得到的可用水。2016年7月2日第十二届全国人民代表大会常务委员会第二十一次会议修订通过的《中华人民共和国水法》中明确提出：本法所称的水资源包括地下水和地表水。在《水文地质术语》(GB/T 14157—1993)中，对地下水的界定是，埋藏在地表以下，在重力作用下，自由向下渗透入土壤中的水。由于水量稳定，水质好，是农业灌溉、工矿和城市重要水源之一。所谓地表水，是指在陆地表面上动态水和静态水的总称，包括河流、冰川、湖泊、沼泽四种水体，亦称“陆地水”❷。它是人类生活用水的重要来源之一，也是各国水资源的主要组成部分。综上所述，由于本书的主要目的是帮助读者了解水资源现状，认识到水资源问题的严峻性，呼吁大众节水、惜水、爱水，故采用《中华人民共和国水法》中对水资源的界定，既包括地表水，也包括地下水。

(二)水资源的开发利用

第二次世界大战结束后，随着全球经济社会发展和人口大幅度增长，各类水资源问题日益突出，水资源开发利用也成为各国研究的重点领域，为了获得更多水资源，粗放式开发利用，先污染后治理成为水资源开发利用的常态。随着地表水体的污染、生态环境的恶化，美丽的莱茵河成为“欧洲下水道”，泰晤士河也因污染而“死寂150年之久”，许多国家的母亲河都受到因大力发展工业，大量的污染物侵入河道，致使全球生态环境恶化。19世纪70年代，世界各国已充分认识到粗放式水资源开发利用给人类社会带来的危害，若再不治理，等待人类未来命

❶ 全国科学技术名词审定委员会. 水利科技名词1997[M]. 北京：中国科学出版社，1998.

❷ 中国农业百科全书总编辑委员会. 中国农业百科全书[M]. 北京：中国农业出版社，1988.

运的将是水体污染、水生物灭绝，地球将不再是蓝色水球，人类未来命运将无法预测。因此，如何有效、科学、可持续性地开发、利用水资源，成为这个时期重要的研究方向。进行水资源开发利用的主要目的是人类对水资源的依赖，无论是日常生活，还是农业生产、工业生产，甚至第三产业、新兴产业都离不开水资源，在面对日益复杂的水资源情况下，需要人类不断地开发水资源，寻找更多的水源，增加水的供给，以满足人类对水资源的需要，解决水资源短缺问题。针对出现的诸多水资源问题，人类开始关注如何合理、科学地开发、利用水资源，而不是污染之后再治理。学者们也从不同的角度对水资源开发利用进行界定，如万俊在《水资源开发利用》中提出，水资源开发利用是指根据兴利、除害的要求，采取工程措施对天然水资源进行治理、控制、调配、保护、管理等，使之满足国民经济各行业的用水要求，要合理开发利用水资源，实现水资源的可持续利用。[1]《中国大百科全书普及版·气象万千：探索天气的奥秘（大气科学卷）》[2]中界定水资源的开发利用是指通过兴建蓄水、引水和提水等水利工程设施，控制和调节水资源，以满足人类社会各个部门的用水需要。

二、水资源开发利用的原则

如今，水资源已成为战略资源，成为稀缺资源，制约地方经济发展的"命脉"。《中华人民共和国水法》第四章明确提出，在水资源利用与开发过程中，应把握全面规划、统筹兼顾、标本兼治、综合利用、讲求效益的原则，实现水资源的可持续利用，以适应国民经济和社会发展需要。

（一）全面规划和综合利用相结合的原则

全面规划和综合利用相结合原则是水资源开发与利用的基础性原则。随着人类科技的不断进步，社会的向前发展，人口增加，人类生活、生产等各方面对水的数量、质量要求都有所提高。水资源作为一种总

---

[1] 陈惠源，万俊．水资源开发利用［M］．武汉：武汉大学出版社，2001：11.

[2] 中国大百科全书普及编委会．中国大百科全书普及版·气象万千：探索天气的奥秘（大气科学卷）［M］．北京：中国大百科全书出版社，2013.

量不变,可永久循环的一种自然资源,因人类的不合理开发利用致使出现水资源短缺、水污染严重等水资源问题。同时,我国水资源空间分布不均衡,呈现“东多西少,南多北少”的特点,南方地区面积约占全国总面积的40%,其径流量却占全国总径流量的80%以上;北方地区面积约占全国总面积的60%,其径流量不足全国总径流量的20%。而西北干旱地区缺水更为严重,黄河、淮河、海河流域的耕地面积占全国耕地总面积的38%以上,且人口稠密、工业发达、用水量大,但是这些地区的水资源仅占全国水资源的6%。面对水资源分布不均,开发利用难度大,同时要满足人们对水资源的不同需求的现状,要求人们在水资源开发与利用时,应按照流域或区域进行统一规划;水资源开发利用与防治水害相结合;综合规划与专业规划相结合;兼顾各地区、各行业、生活和生产用水的需要。协调城市工业、农业的发展,采取计划用水措施,统筹安排取水、输水、配水、管水及处理水的综合性和系统性措施。

(二)开发利用与保护生态环境相结合

水是生存之本、文明之源、生态之要。水资源是生态环境的主要控制性因素,为了保护环境必须把水资源的开发利用同保护水环境有机结合。水资源开发利用过程中兴建的蓄水、引水和提水等水利工程设施,都应以保护当地生态环境不被破坏为前提,防止在水资源开发利用过程中对水生态环境造成不利甚至有害的影响。

(三)统筹兼顾和综合效益相结合原则

水资源开发利用时,要将居民生活用水、居民用水、农业与工业用水等情况统筹考虑,合理应用地表水,安排降水存储,实现水土资源的高效利用。同时,兴建水资源开发利用工程时,要统筹兼顾防洪、排涝、供水、灌溉、水力发电、水运、水产、水上娱乐以及水生态环境等方面的需求,以取得经济、社会环境的综合效益。

三、水资源开发利用的主要形式

人们为了满足社会经济发展需要,满足农业、工业、生活用水需要,通过各种输水设备、采取一系列输水措施将河流水输送到农田、工厂、居民用户。常见的地表水资源开发利用工程主要有河岸引水工程、蓄水工程、扬水工程和输水工程。

(一)引水工程

引水工程主要用于农业灌溉。当河流水量丰富,不经调蓄即能满足灌溉用水要求时,可在河流适当地点修建引水建筑物。引水工程分为引水口工程和输水工程(渠道、隧洞等),前者为主要工程。根据水源和用水要求的不同及河流的流量、流速、地理位置、周边生态环境等因素的不同,从河流中引水主要有自流引水和提水引水两种方式。[1]

1. 自流引水

自流引水通常有无坝引水和有坝引水两种方式。

1)无坝引水

无坝引水工程是最简单的一种引水方式,适用于河流的水位和流量都能满足用水要求的情况。但是,无坝引水工程不具备调节河流水位和流量的能力,完全依靠河流水位与渠道的取水高程差而实现自流引水,所以引水流量受河流水位的影响较大。无坝引水要在远离灌区的上游选择适当地点,开渠引水,通常采用“远处引水,近处灌田”的方式来取水。当灌区的河流水位能够满足使用需求时,可选择适宜的位置作为引水口,直接从河道侧面引水;当灌区的河流水位较高,不能满足使用需求时,也可从河流上游水位较高的地点筑渠引水。我国非常著名的水利工程都江堰就是采用无坝引水的方式,引水灌田,防止水害,也使成都因此成为“天府之国”。

链接

因水而兴——世界奇迹都江堰

都江堰位于四川省都江堰市境内岷江进入成都平原起始段,引岷江水,是灌溉成都平原的大型水利工程,是一个防洪、灌溉、航运综合水利工程。

都江堰由秦代蜀郡李冰率领民众所建,相沿 2 000 多年,是现存世界上历史最悠久的无坝引水工程。该工程主要由都江鱼嘴、飞沙堰、宝

---

[1] 左其亭,王树谦,刘廷玺. 水资源利用与管理[M]. 郑州:黄河水利出版社,2009.

瓶口、人字堤、百丈堤和内外金刚堤组成，起到岷江内外分水、泄洪排沙、控制引灌水量等作用，灌溉农田 300 万亩❶。当时秦代的四川被称为“沃野千里”，《史记》中誉为“水旱从人，不知饥馑，时无荒年，天下谓之‘天府’也”。后经历朝改建和扩建，现灌区面积已达 11 000 万亩。1982 年，都江堰被国务院批准列入第一批国家级风景名胜区名单。2000 年，都江堰水利工程被联合国教科文组织列入“世界文化遗产”名录，是世界自然遗产（四川大熊猫栖息地的一部分）、全国重点文物保护单位、国家级风景名胜区、国家 AAAAA 级旅游景区。2018 年 8 月，被列为世界灌溉工程遗产。

——引自《水资源学》

都江堰

都江堰治水三字经

深淘滩，低作堰；六字旨，千秋鉴；
挖河沙，堆堤岸；砌鱼嘴，安羊圈；
立湃阙，凿漏罐；笼编密，石装健；
分四六，平潦旱；水画符，铁椿见；
岁修勤，预防患；遵旧制，勿擅变。

❶ 1 亩 = 1/15 hm^2，余同。

都江堰鸟瞰

二王庙李冰殿对联

六字炳千秋，十四县民命苍天，尽是此公赐予；
万里归一汇，八百里青城沃野，都从太守得来。

2）有坝引水

有坝引水是指由于河流水源丰富，但水位较低；或河流水位、流量达不到自流引水要求，此时可在河道上修建壅水建筑物抬高水位，以便自流引水灌溉。适用于河流流量可以满足用水要求，但水位低于所需高程的情况。有坝引水枢纽主要由拦河坝（闸）、进水闸、冲沙闸、防洪堤等建筑物组成。

链接

中国的动力心脏——三峡大坝

三峡大坝位于湖北省宜昌市三斗坪镇境内，是当今世界最大的水力发电工程，是世界最大的水力发电站和清洁能源生产基地，是迄今世界上综合效益最大的水利枢纽，是长江三峡30个最佳旅游新景观之一。三峡大坝在防洪、发电、航运、养殖、旅游、南水北调、供水灌溉等方面发挥着巨大效益。

三峡大坝工程包括主体建筑物及导流工程两部分，全长约3 335

m，坝顶高程 185 m，工程总投资为 954.6 亿元人民币，于 1994 年 12 月 14 日正式动工修建，2006 年 5 月 20 日全线修建成功。三峡水电站 2018 年发电量突破 1 000 亿 kW·h，创单座电站年发电量世界新纪录。2012 年 7 月，三峡大坝已成为全世界最大的水力发电站和清洁能源生产基地。

——引自百度百科

三峡大坝

3）水库引水工程

水库引水工程是一种既可以调节河流流量，又可以调节河流水位的引水方式，与无坝引水和有坝引水相比，水库引水工程对水的利用相对较为充分。

2. 提水引水

所谓提水引水，就是利用提水设备（水泵）等，将水位较低水体中的水提到水位较高处，满足引水需求。其重要意义在于为农业灌溉和城镇生活用水提供补给，通常是指将地表水或地下水提取到较高处进行供水的工程。如抽水站、机井。

链接

世界上最复杂的地下水利工程——坎儿井

坎儿井是新疆吐鲁番盆地及其附近干旱地区特有的地下渠灌溉系统，全长 5 000 多 km，总数量 1 700 多条，至今已有两千多年的历史。坎儿井是引取渗入地下的雪水进行灌溉的工程形式，属于巧妙开发利用地下水的水利工程，它的主体深埋地下，一般看不到它的全貌，能解决灌溉水源因蒸发强烈而水源损耗大的问题。坎儿井主要由竖井、地下渠道（暗渠）、地面渠道（明渠）、涝坝（小型蓄水池）组成。

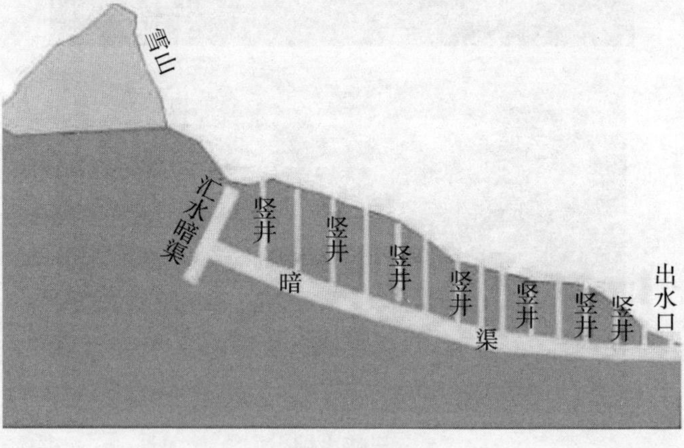

坎儿井示意

吐鲁番是中国极端干旱地区之一，年降水量只有 16 mm，而蒸发量在 3 000 mm 以上。但是，新疆却有一个好处，就是高山上有雪水融化入地，地形又有盆地。新疆土壤多为砂砾，渗水性很强，山上雪水融化后，大部分会渗入地下，流入盆地蓄水层。于是，当地人因势利导，利用山的坡度和地下渠，巧妙地创造了坎儿井。坎儿井是先在高山雪水潜流处，寻找水源，在其上游每隔 80 ~ 100 m，下游每隔 10 ~ 20 m，再各挖一系列竖井，其深度逐渐向下游减少。然后依地势高低在井底修通暗渠，引水下流；地下渠道的出水口与地面渠道相连接，把水直接引至地面，灌溉耕地。

坎儿井的优点：节约能源消耗，能自流灌溉；能减少水量蒸发损失；能避免风沙掩埋输水建筑物；水量稳定、水质好；施工技术要求不高。

(二)蓄水工程

河道的年径流量能够满足人们的用水需求，但其流量因降水量的时间、地区分布不同存在用水需求与径流量不相适应的情况，此时可通过拦蓄河川水量，修建大型集水拦河大坝，形成大坝、水库，满足人们的用水需求；或修建小型的集水设施，如池塘、堰塘等。通过修建大坝、堰塘等拦水设施，都可以起到蓄水调节的功效，但大坝与堰塘两者功用截然不同，坝的主要功能是通过蓄水形成水库，具有蓄水防洪之效；而堰塘的主要功能是抬高水位利于引水，具有引水之功效，但在蓄水调节功能方面体现较少。

链接

沙漠里之钻石——美国胡佛水坝

胡佛水坝(Hoover Dam)位于科罗拉多河下游的黑峡，西北方是人间胜景拉斯维加斯，东部就是自然界的奇迹科罗拉多大峡谷，水坝正好处于亚利桑那州和内华达州的交界处，是美国综合开发科罗拉多河(Colorado)水资源的一项关键性工程，是美国最大的水坝，并被赞誉为“沙漠里之钻石”，具有防洪、灌溉、发电、航运、供水等综合效益。胡佛水坝，孕育了新兴的城市拉斯维加斯，可以说是拉斯维加斯之母。这里原本是不毛之地，荒无人烟，建造胡佛水坝的时候，大批工人聚集在这里。水、电、铁路，为一座新城的诞生提供了条件。拉斯维加斯就是从一个沙漠小村发展起来的。胡佛水坝是打开拉斯维加斯之谜的一把钥匙。

胡佛水坝

(三)扬水工程

所谓扬水工程,是指利用提水设备(水泵)及其配套建筑物,给水增加压力,将水由高程较低的地点输送到高程较高的地点,以满足用水需求,同时起到防洪减灾效果的综合性系统水利工程。

链接

大禹渡扬水工程

大禹渡扬水工程坐落于芮城县城东南12 km的大禹渡神柏峪,南起黄河北岸,北至中条山南麓,东起东垆乡朱吕沟,西至大王乡孙家涧,东西长35 km,南北宽9 km,面积约310 km^2,是一处高扬程大型引黄灌溉工程。从二级站扬上来的清水通过灌区内总长65 km的6条大干渠、8处扬水站,把黄河水送到了中条山脚下和边远乡村。为了提水需要,县城东10 km的北一干有85跨长达680 m、矢高16 m,横跨风(陵渡)(渭)南干线公路的曹庄渡槽,县城西郊的北二干有高3.4 m、宽3 m的骨干输水动脉工程——千米群英隧洞;县城西8 km的西干有长

186 m、矢高 18 m 从郑村沟凌空而过的郑沟渡槽；郑沟东南 3 km 处有库容 70 万 m^3 的阳院水库；县城西南 5 km 的赵庄机站有 5 亩大的蓄水池。根据灌溉管理需要，灌区内共修筑支斗渠1 064条，总长 1 107 km。构筑桥、闸、跌水、倒虹等各类建筑物 17 279 件。现基本形成了一个合理的灌溉网络。

——引自《大禹渡扬水工程的建设与发展》(张克敏)

大禹渡扬水工程

(四)输水工程

我国水资源在地区分布上具有显著的不均衡性，具体表现为“东多西少，南多北少”的特点。为解决这一问题，在地表水资源开发利用中，需要通过修建输水工程，缓解北方地区严重缺水问题。输水工程有渠道输水和管道输水两种方式。渠道输水主要用于农田灌溉,而管道输水主要用于城市用水。

链接

南水北调工程

南水北调工程是缓解我国北方水资源严重短缺状况的重大战略性基础设施,南水北调东线、中线、西线工程沟通黄河、淮河、海河、长江四大流域,将构成我国"四横三纵、南北调配、东西互济"的水资源总体格局。南水北调工程是迄今为止世界上规模最大的调水工程,工程横穿长江、淮河、黄河、海河四大流域,涉及10余个省(自治区、直辖市),输水线路长,穿越河流多,工程涉及面广,效益巨大。包含水库、湖泊、运河、河道、大坝、泵站、隧洞、渡槽、暗涵、倒虹吸、PCCP管道、渠道等水利工程项目,是一个十分复杂的巨型水利工程,其规模及难度国内外均无先例。工程规划的东、中、西线干线总长度达4 350 km,最终年调水规模为年调水量448亿m^3。其中,东线148亿m^3,中线130亿m^3,西线170亿m^3。

南水北调工程供水区域控制面积达145万km^2,约占我国陆地面积的15%。

——引自《水利家园》

南水北调工程示意

四、地下水资源开发与利用

地下水资源具有分布广、水质好、不易被污染、调蓄能力强、供水保证程度高的特点，因此在水资源开发利用中占据重要地位。据水利部统计数据显示，我国大中型城市中70%的北方城市和20%的南方城市将地下水作为主要供水水源。地下水资源的开发利用要与经济社会相协调，要以守住保护生态环境为红线，选择适当的地下水资源开发模式。常见的地下水资源开发模式如下。[1]

（一）地下水库开发模式

地下水库开发模式主要用于含水层厚度大、颗粒粗，地下水与地表水之间有紧密水力联系，且地表水源补给充分的地区，或具有良好的人工调蓄条件的地段，如冲洪积扇顶部和中部。地下水库充分利用洪水资源，具有易蓄易采的特点，利于“以丰补歉”。

（二）傍河取水开发模式

傍河取水是利用地层的天然过滤和净化作用，使难以利用的多泥沙河水转化为水质良好的地下水，从而为沿岸城镇生活、工农业用水提供优质水源，是保证长期稳定供水的有效途径。

（三）井渠结合开发模式

农灌区一般采用井渠结合开发模式，特别是在我国北方地区，由于灌溉水源日益紧张。为解决这一问题，发展井渠结合的灌溉具有井渠互补、余缺相济和采补结合的作用，可以有效地解决因降水与河流径流量年内分配不均匀，农田灌溉需水不协调形成的“春夏旱”。井渠结合的灌溉能够实现井渠统一调度，可提高灌溉保证程度和水资源利用效率，不仅是一项见效快的水利措施，而且也是调控潜水位，防治灌区土壤盐渍化和改善农业耕作环境的有效途径。

（四）排供结合开发模式

排供结合开发模式主要用于采矿排水。由于在采矿过程中地下水大量涌入矿山坑道，使施工复杂化和采矿成本增高，水资源严重浪费，

---

[1] 左其亭，王树谦，刘廷玺. 水资源利用与管理[M]. 郑州：黄河水利出版社，2009.

同时还可能威胁矿山工程和矿工人身安全,因此需要采取相应的排水措施。

(五)引泉模式

在一些岩溶大泉及西北内陆干旱区的地下水溢出带可直接采用引泉模式,为工农业生产提供水源。大泉一般出水量稳定,水中泥沙含量低,适宜直接在泉口取水使用,或在水沟修建堤坝,拦蓄泉水,再通过管道引水,以解决城镇生活用水或农田灌溉用水。这种方式取水经济,一般不会引发生态环境问题。

第二节　水资源现状

一、世界水资源现状

宇航员在太空中发现的地球是一个被蓝色海洋包围住的水球,海洋面积占到地球总面积的3/4,陆地面积只占到地球总面积的1/4。但是,地球上的水资源有97%被盐化,仅有3%的淡水资源可直接利用,而这些淡水中又有2/3是冰川和积雪。因此,可直接使用的淡水资源非常有限。根据联合国一项研究报告显示:全球现有12亿人面临中度到重度缺水的压力,80个国家水源不足,20亿人的饮水得不到保障,预计到2025年,缺水人口将达到28亿~33亿,在未来5年内"水将像石油一样在全世界运转"。目前,世界淡水资源存在以下特点。

(一)淡水总储量极为有限

在地球上的淡水资源中,分布在南北两极地区的固体冰川及永冻土是目前人类尚不能利用的。另外,在地下淡水中,由于它们非常分散,而且绝大部分埋藏很深,因此只有很少一部分浅层水可供人类利用。目前,地球的淡水资源仅占其总水量的2.5%,人类较易利用的淡水资源主要来源于河流水、淡水、湖泊水及浅层地下水,而在这极少的淡水资源中,又有70%以上被冻结在南极和北极的冰盖中,加上难以利用的高山冰川和永冻积雪,有87%的淡水资源难以利用。人类真正能够利用的淡水资源是江河湖泊和地下水中的一部分,约占地球总水量的0.26%，仅占全球总储水量的十万分之七。

（二）淡水资源分布不均衡

从太空俯瞰地球，地球是一个蓝色的大水球，总体来看地球的储水量很丰富，约有14.5亿m^3，约占地球面积的71%以上。但是，地球上的水资源有97%被盐化，仅有3%可直接利用的淡水资源，而这些淡水资源中又有三分之二为冰川和积雪，全球淡水资源不仅短缺而且地区分布极不平衡。按地区分布，巴西、俄罗斯、加拿大、中国、美国、印度尼西亚、印度、哥伦比亚和刚果等9个国家的淡水资源占了世界淡水资源的60%。目前，全球80多个国家的约15亿人口面临淡水不足，其中26个国家的3亿人口完全生活在缺水状态。预计到2025年，全世界将有30亿人口缺水，涉及的国家和地区达40多个。拉丁美洲和北美是水源最丰富的地方，而非洲、亚洲、欧洲等人均占有淡水资源量非常少。例如，人口占世界总人口5%的中东北非地区是一个严重缺水的地区，其主要的水源是约旦河，与该河相关的国家有约旦、叙利亚、黎巴嫩、以色列和巴勒斯坦，这些国家几乎没有其他可以代替的水源。因此，21世纪水资源正在变成一种宝贵的稀缺资源，水资源问题已不仅仅是资源问题，更成为关系到国家经济、社会可持续发展和长治久安的重大战略问题。

（三）水资源污染极为严重

在水资源短缺越发突出的同时，人们又在大规模污染水源，导致水质恶化。水资源污染主要来自人类制造、排放的废水、废气和废渣。长期以来，人们并不把治理污水放在心上，而放任污水横流，甚至把大江小河当作城市的“清洁器”，指望水能带走垃圾和废物。全世界目前每年排放污水约为4 260亿t，造成55 000亿m^3的水体受到污染，占全球径流量的14%以上。据联合国调查统计，全球河流的稳定流量的40%左右已被污染。水污染不仅对淡水，而且海洋污染的情况也是令人震惊的。海洋的浩瀚无边与自动净化能力，使人类一直把海洋当作最好、最大的天然垃圾坑，倾废是人类利用海洋的主要方式。各国特别是工业国家每年都向海洋倾倒大量废物，如下水污泥、工业废物、疏浚污泥、放射性废物等。在各种倾废中，倾倒放射性废物尤为令人关注，因为这相当于在人们四周放置了一个又一个失控的核弹,一旦废物产生泄漏,其产生的生态灾难远远超过第二次世界大战日本广岛核爆的程度(见图4-1)。

图4-1 不可降解的白色垃圾堆满了海边

二、中国水资源现状

(一)水资源总量丰富

我国水资源总量丰富,位居世界第六。根据中国水利部《水资源公报》,2016年全国水资源总量为32 466.4亿 m^3。从2007年至2016年10年间《中国水资源公报》公布的监测数据来看,无论是降水量,还是地表水、地下水,都是呈现逐年上涨的趋势。其中,2016年全国降水量达到730 mm,比2015年增加10.47%,比多年平均偏多14.89%(见表4-1)。地表水达到31 273.9 m^3,比2015年增加16.26%,比多年平均偏多17.03%;地下水达到8 854.8 m^3,比2015年增加11.95%,比多年平均偏多6.66%;全国总水量达到32 466.4亿 m^3,比2015年增加16.11%,比多年平均偏多16.84%(见图4-2)。但是,我国却是一个干旱缺水严重的国家,淡水资源总量为2.8万亿 m^3,占全球水资源的6%,位居第四,仅次于巴西、俄罗斯、加拿大,但人均占有量并不丰富。

其中，地表水2.7万亿 m^3，地下水0.83万亿 m^3，由于地表水与地下水相互转换、互为补给，扣除两者重复计算量0.73万亿 m^3，与河川径流不重复的地下水资源量约为0.1万亿 m^3。其中，长江流域及其以南地区国土面积只占全国的36.5%，其水资源量占全国的81%；淮河流域及其以北地区的国土面积占全国的63.5%，其水资源量仅占全国水资源总量的19%。

表4-1　2007～2016年全国水资源变化情况统计

年份	地表水（m^3）	地下水（m^3）	全国水资源总量（亿 m^3）
2016	31 273.9	8 854.8	32 466.4
2015	26 900.8	7 797.0	27 962.6
2014	26 263.9	7 745.0	27 266.9
2013	26 839.5	8 081.1	27 957.9
2012	28 373.3	8 296.4	29 528.8
2011	22 213.6	7 214.5	23 256.7
2010	29 791.6	8 417.0	30 906.4
2009	23 125.2	7 267.0	24 180.2
2008	26 377.0	8 122.0	27 434.3
2007	24 242.0	7 617.2	25 255.2
1997～2006年10年平均值	26 722.0	8 302.0	27 786.0

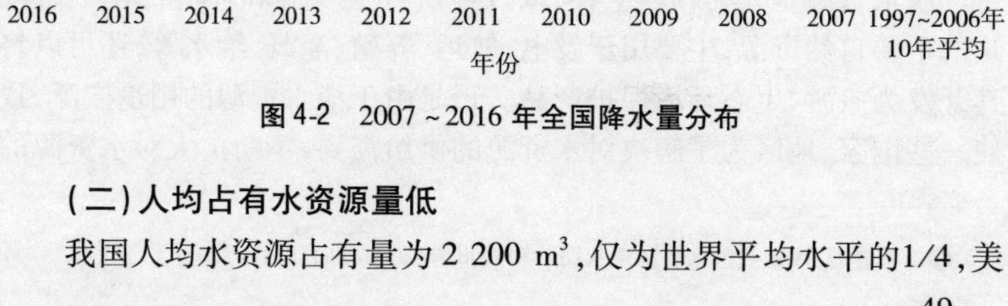

图4-2　2007～2016年全国降水量分布

（二）人均占有水资源量低

我国人均水资源占有量为2 200 m^3，仅为世界平均水平的1/4，美国的1/5，在世界上名列第121位，位于缺水国之列，已被列入世界人均水资源13个淡水资源缺乏的国家之一。专家预言，2030年我国缺水量将达到400亿～500亿 m^3，供水量严重不足，部分山区、草原、滨海和海岛，还有6 000万人口和4 500万头牲畜饮水十分困难。[1] 按照国际公认的标准，人均水资源低于3 000 m^3 的为轻度缺水；人均水资源低于2 000 m^3 的为中度缺水；人均水资源低于1 000 m^3 的为重度缺水；人均水资源低于500 m^3 的为极度缺水。我国有16个省（自治区、直辖市）人均水资源量（不包括过境水）低于严重缺水线，有6个省（自治区）（宁夏、河北、山东、河南、山西、江苏）人均水资源量低于500 m^3。全国600个城市中，有400多个城市供水不足，日缺水量1 600万 m^3，年缺水量60亿 m^3。

（三）淡水资源匮乏且分布不均衡

我国现实可利用的淡水资源量非常有限，约有11 000亿 m^3，人均可利用水资源量约为900 m^3。根据全国《水资源调查报告》，到20世纪末，全国600多座城市中，约有400多个城市会出现供水不足的问题，其中出现严重缺水的城市将达到110多个，全国城市缺水总量将超过60亿 m^3。此外，我国淡水资源分布极不均衡，大量的淡水资源主要集中在我国南方，而北方的淡水资源只有南方的1/4。有数据显示，我国600多个城市中有一半以上城市出现不同程度的缺水，甚至沿海城市也时常出现缺水现象。2003～2013年全国水资源调查数据显示，宁夏、山西、河北、天津、山东、上海、北京、河南等8个省（区）年人均降水量不足500 m^3；江苏、辽宁、江苏三省的年人均降水量在500～1 000 m^3；而贵州、广西、海南等10个省（区）年人均降水量超过2 000 m^3。

（四）淡水资源过度开发

淡水资源是人类赖以生存，以及经济社会发展和环境优化不可或缺的重要自然资源，主要用于发电、航运、养殖、灌溉、给水等，还可以将其开发为旅游、生态环境保护产品。正是由于淡水资源的用途广泛，致使一些国家、地区为了解决对水资源的供给需要，不断扩大对水资源的

---

[1] 李春芳.浅谈我国水资源现状[J].科技世界，2012(26)：511.

开发力度，水资源过度开发的现象屡屡发生。例如，我国的黄河、辽河、淮河地表水的利用率已经大大超过国际公认的40%水资源开发利用率上线，而石羊河、黑河的水资源开发利用程度分别达到其总水资源量的154%和95%。

（五）水资源浪费

中国水利水电科学研究院水资源所长王建华在一次采访中说道：一方面水资源紧张，另一方面用水方式粗放，我国缺水与浪费并存，矛盾十分突出。他所说的“用水方式粗放”，就是人们常说的“大水漫灌”现象。主要体现在以下几个方面：一是农业领域。目前，农业领域用水占全社会用水的60%以上，农田灌溉排水设施存在标准低、不配套、老化失修、缺乏精细化管理等诸多问题，水田里“长流水”。相关统计数据显示，我国当前的农田灌溉水有效利用系数仅为0.523，而发达国家的农田灌溉水有效利用系数已达0.7以上。二是城市输水管网。目前，我国城市输水管网漏水在15%左右，如果加大投入修整，使漏失率降低到5%左右的水平，即可节水52亿m^3。这一数字相当于2 000多个昆明湖水量，接近南水北调中线工程年规划调水量的一半。三是城市建设。为打造“城市”宜居“生态水景”“便利生活区”，各地在城市建设、房地产开发过程中，大建标志性水景观（如音乐喷泉、人工湖）、高尔夫球场、洗车房、洗浴中心等“吃水”大户。四是生活用水。随着人们物质生活水平的提高，人们的生活方式、生活习惯发生了重大转变。一个关不紧的水龙头一个月会流掉1～6 m^3水，一个漏水的马桶一个月会流掉3～25 m^3水，一台节水型洗衣机、一年能节约出714个昆明湖。

三、重庆地区水资源现状

重庆地区水资源主要是由地下水资源、地表水资源及过境水资源构成。又因重庆地下水为浅层地下水，其余地表水相互转换、难于分割，将其视为重复计算不计入水资源总量，过境水资源属国家所有，受国家宏观控制，也不纳入水资源总量。重庆地区水资源总量呈现出中度缺水，时空分布不均的显著特点。

（一）过境水资源丰富

重庆地区全境均属于长江一级区❶，包括岷沱江、嘉陵江、乌江在内的6个二级区；以及沱江、嘉陵江广元昭化以下干流区及涪江、渠江在内的8个三级区，所辖区域过境水资源面积达82 401 km^2，过境水资源十分丰富。据《重庆市2020年水资源公报》显示，重庆境内流域面积大于100 km^2 的河流有274条，其中流域面积大于1 000 km^2 的河流有42条。2020年，全市平均降水量1 435.6 mm，折合年降水量1 182.951 3亿 m^3，比上年增加29.71%。❷ 据官方统计数据显示，2020年全市水资源总量766.855 9亿 m^3，地下水资源量128.687 7亿 m^3，与2013年全市水资源总量相比增长61.67%（见表4-2）。

表4-2　2013—2020年重庆市水资源总量统计表❸

年份	全市水资源总量（亿 m^3）	地下水资源量（亿 m^3）
2020	766.855 9	128.687 7
2019	498.088 0	98.458 6
2018	524.243 8	103.954 7
2017	656.146 4	116.137 8
2016	604.866 8	112.263 6
2015	456.164 8	103.299 6
2014	642.578 0	121.817 9
2013	474.340 0	96.390 0

（二）降水量集中且破坏性强

重庆地区深受西南季风和东南季风的影响，又是长江与嘉陵江、乌江的交汇处，每年5～9月是区域性暴雨天气高发期，占全年降水量的

❶ 国家将全国水资源区分为10个一级区、77个二级区。又将全长江流域11个二级区分为56个三级区。

❷ 数据来源：重庆市水利局发布《2020年重庆市水资源公报》。

❸ 数据来源：重庆市水利局发布《2013—2020年重庆市水资源公报》。

75% ~80%❶,极易造成洪涝灾害。而本地暴雨诱发的暴雨(山洪)型洪灾、过境江河大暴雨给沿江两岸和低洼地带造成淹没冲毁损失的过境型洪灾、本地暴雨洪水与过境洪水相遇而引发的总和遭遇型洪灾是最主要的洪灾❷。据统计,1999 年特大暴雨洪灾,致使重庆地区交通、通信、供电、广播电视、水利工程等基础设施严重受损,直接经济损失达 11.9 亿元。❸ 2004 年全市遭遇 3 次特大暴雨过程,洪涝灾害死亡 101 人,直接经济损失 34.69 亿元。2005 年,因灾死亡 33 人,直接经济损失 13.9 亿元。2006 年,因暴雨洪灾直接经济损失达 13.9 亿元。❹ 2016 年,受超强厄尔尼诺事件持续影响,重庆平均降水量达到 753.6 mm,较常年同期偏多近 5 成,先后遭遇 5 次强降水过程,造成 197.58 万人次不同程度受灾,直接经济损失达 23.14 亿元。❺ 由于特殊的气候和地理位置,连年强降雨给重庆地区造成不可估量的经济损失。同时,这也是造成重庆地区水资源保护困难重重的外在因素之一。

(三)水资源分布不均

重庆地区人均占有当地水资源量为 1 600 m^3,仅为全国平均水平的 2/3,不足世界平均水平的 1/6,属于中度缺水城市。❻ 随着经济的不断发展,重庆地区缺水现象将日益严重。同时,由于重庆地区独特的气候和地貌特点,决定了当地地表水资源在时间、空间上分布不均衡,东部多于西部,北部大于南部,中低山区大于丘陵河谷区。如,2015 年位于东部地区的黔江区、酉阳、秀山、彭水、石柱、万州区、梁平县、城口县、丰都县、垫江县、忠县、开州区、云阳县、奉节县、巫溪县、巫山县地表水资源总量达到 294.154 8 亿 m^3,占全市地表水资源总量的一半以上。

---

❶ 傅钟鼎. 重庆水资源保护利用的思考[J]. 重庆行政,2001(4):2.

❷ 重庆市水利局. 重庆市志 · 水利志(1986—2006)[J]. 重庆:西南师范大学出版社,2015:262.

❸ 重庆市水利局. 重庆市志 · 水利志(1986—2006)[J]. 重庆:西南师范大学出版社,2015:266.

❹ 重庆市水利局. 重庆市志 · 水利志(1986—2006)[J]. 重庆:西南师范大学出版社,2015:265.

❺ 数据来源:中国新闻网.

❻ 冯业栋. 重庆市水资源现状及节水对策研究[D]. 重庆:重庆大学,2004.

而位于西部地区的永川区、江津区、合川区、大足区、綦江区、南川区、荣昌区、铜梁区、璧山区、潼南区、万盛经开区地表水资源总量仅为90.531亿m^3，仅占全市地表水资源总量的1/4不到，占东部地区地表水资源量的1/3左右（见表4-3）。除此之外，重庆地区地表水资源多集中在5～9月，长江南岸多发生在5～8月，北岸多发生在6～9月。其间，径流量占全年总量的59.4%～63.7%❶，径流量在年内相对集中。重庆地区地表水资源量由东向西呈递减趋势，巫溪北部、酉阳东部、武隆与丰都交界处为中心高值区，渝西地区普遍偏低。

表4-3　2020年重庆市各区县水资源量分布❷

区县	降水量（mm）	地表水资源量（亿m^3）	地下水资源量（亿m^3）	重复计算量（亿m^3）	水资源总量（亿m^3）
全市	1 435.6	766.855 7	128.687 7	128.687 7	766.855 7
万州区	1 326.2	27.844 2	3.561 9	3.561 9	27.844 2
黔江区	1 606.7	28.072 6	4.345 8	4.345 8	28.072 6
涪陵区	1 325.4	21.430 3	3.625 9	3.625 9	21.430 3
渝中区	1 158.0	0.118 5	0.018 3	0.018 3	0.118 5
大渡口区	1 158.0	0.533 8	0.078 1	0.078 1	0.533 8
江北区	1 182.0	1.257 1	0.177 8	0.177 8	1.257 1
沙坪坝区	1 170.6	2.108 5	0.318 3	0.318 3	2.108 5
九龙坡区	1 113.3	2.270 7	0.368 1	0.368 1	2.270 7
南岸区	1 158.0	1.498 9	0.231 8	0.231 8	1.498 9
北碚区	1 268.7	4.846 6	0.627 4	0.627 4	4.846 6
渝北区	1 221.4	9.005 1	1.206 6	1.206 6	9.005 1
巴南区	1 446.3	14.162 5	1.520 7	1.520 7	14.162 5
长寿区	1 122.8	7.495 3	1.175 9	1.175 9	7.495 3
江津区	1 473.5	25.914 0	2.659 2	2.659 2	25.914 0
合川区	1 068.9	10.736 7	1.957 8	1.957 8	10.736 7

❶ 重庆市水利局：重庆市志·水利志（1986—2006）[M]. 重庆：西南大学出版社，2015:92.

❷ 数据来源：重庆市水利局发布《2020年重庆市水资源公报》。

续表 4-3

区县	降水量（mm）	地表水资源量（亿 m^3）	地下水资源量（亿 m^3）	重复计算量（亿 m^3）	水资源总量（亿 m^3）
永川区	1 278.4	10.724 3	1.309 7	1.309 7	10.724 3
南川区	1 525.2	23.814 7	4.717 4	4.717 4	23.814 7
綦江区	1 414.4	18.990 0	2.937 0	2.937 0	18.990 0
万盛经开区	1 533.3	5.513 6	1.026 2	1.026 2	5.513 6
大足区	1 073.3	6.509 3	1.195 9	1.195 9	6.509 3
璧山区	1 118.0	4.745 4	0.757 9	0.757 9	4.745 4
铜梁区	1 080.8	6.264 9	1.115 2	1.115 2	6.264 9
潼南区	1 104.4	7.747 5	1.334 6	1.334 6	7.747 5
荣昌区	1 122.0	5.323 3	0.896 6	0.896 6	5.323 3
开州区	1 485.8	36.149 7	3.289 9	3.289 9	36.149 7
梁平区	1 304.3	13.436 0	1.570 6	1.570 6	13.436 0
武隆区	1 618.8	28.130 1	5.259 5	5.259 5	28.130 1
城口县	1 479.3	35.036 2	7.738 8	7.738 8	35.036 2
丰都县	1 307.4	23.414 5	3.322 2	3.322 2	23.414 5
垫江县	1 097.5	7.651 7	1.261 5	1.261 5	7.651 7
忠县	1 306.4	16.226 4	1.947 7	1.947 7	16.226 4
云阳县	1 275.7	26.595 0	3.444 1	3.444 1	26.595 0
奉节县	1 282.0	38.990 9	9.461 6	9.461 6	38.990 9
巫山县	1 452.6	34.193 3	9.465 6	9.465 6	34.193 3
巫溪县	1 953.1	75.406 8	12.896 0	12.896 0	75.406 8
石柱县	1 491.0	29.960 6	3.582 9	3.582 9	29.960 6
秀山县	1 889.6	35.557 2	8.347 2	8.347 2	35.557 2
酉阳县	1 795.4	70.358 5	12.859 9	12.859 9	70.358 5
彭水县	1 674.0	48.821 0	7.076 1	7.076 1	48.821 0

第三节 水资源开发与利用未来预测

一、水资源争夺战将会愈演愈烈

联合国教科文组织2009年3月12日发布的第3版《世界水资源开发报告》指出，到2030年，47%的世界人口将居住在用水高度紧张的地区。一些干旱和半干旱地区的水资源缺乏，将对人口流动产生重大影响。预计将有2 400万到7亿人口会因为缺水而背井离乡。报告指出，由于人口增长、饮食结构变化、能源需求特别是生物燃料需求增加等，人类现在对于水资源的需求比以往任何时候都大，而且这种需求只会继续增加。缺水最严重的中东地区，几乎所有国家都在闹水荒，正如以色列前总理佩雷斯说的那样："中东地区水比石油更重要。"相关数据预测，到2030年，我国总用水量为7 000亿~8 000亿 m^3，而届时我国实际可利用水资源量仅为8 000亿~9 000亿 m^3，水资源开发利用接近极限。❶。

链接

值得一看：《大水荒：水资源大战与动荡未来》

（美）查尔斯·费什曼（Charles Fishman）在《大水荒：水资源大战与动荡未来》中用睿智、流畅的笔调告诉我们：充沛、便宜又安全的水资源黄金时代正迅速消逝，我们已步入高风险的用水时代！

从全新的视角讲述席卷全球的水荒问题，通过大量真实案例，揭开各国争夺水资源的真实面目：沙漠中的拉斯维加斯如何寻找水源、进行水权交易，澳大利亚的水资源短缺为何引发政治斗争，印度城市供水系统发展与经济发展脱节给当地生活造成的影响，自然灾害后的现代城市如何应对断水问题及所付出的代价。查尔斯·费什曼在《大水

❶ 人民网. http://scitech. people. com. cn/GB/5002792. html.

荒·水资源大战与动荡未来》中直言:“充沛、便宜又安全的雨水资源黄金时代正迅速消逝,我们已步入高风险的用水时代!”

事实上,水资源战争就发生在你我身边,水既平常得令人轻视,又能够大有作为。《大水荒》从水的经济学与政治学角度,探究水资源分配的新格局,讨论世界各地应对水资源短缺的方法,启发人们认识到水的生产力与被掩盖的经济价值,以及净水能源、供水设施、水价改革的重要性。呼吁人类应该重新理解人类与水的关系,反思现行的政治决策与经济策略,科学有效地保护水资源。

二、生物能源对水资源的消耗日益增大

2009 年,联合国教科文组织发布的《联合国世界水资源开发报告》指出,随着科学技术的不断发展,近年来生物燃料的生产也在猛增,一直以来,生物燃料被普遍认为可作为汽油和柴油的可再生资源替代品。随着生物燃料产量的不断增长,其表现出与人“争食争水”的种种迹象,这表明生物燃料并非绿色能源。尽管生物燃料开发有可能帮助人们减少对矿物能源的依赖,但栽培用于制造生物燃料的作物需要耗费

大量的水。大量数据证明,生物燃料主要以乙醇燃料和生物柴油为主,而生产 1 t 的乙醇燃料需要 3 t 以上的粮食,而粮食等农作物种植需要消耗大量的水,据专家测算,生产 1 L 生物燃料,就需要 1 000 ~4 000 L 水。随着人类对生物能源需求的不断增长,相应的对水资源的需求也在增长。到 2030 年,全球能源需求预计将增长近 55%。2004 ~2030 年,预计水电将以 1.7% 的年均增长率递增,总体增长 60%。

三、生活用水量逐年增多

随着人类物质生活水平的不断提高,人们的生活方式、生活习惯发生了重大转变。就我国而言,1980 年城市人口只占总人口数的 16.8%,到了 2008 年年底,我国城市化率达到了 45.7%,到 2017 年城镇常住人口达到 81 347 万,比 2016 年底增加 2 049 万人,乡村常住人口 57 661 万人,减少 1 312 万人。中国社会科学院《2020 年社会蓝皮书》指出,2019 年我国城镇化水平首次超过 60%,按照我国城镇化蓝图,到 2030 年我国的城镇化水平将达到 70%。按照现在的生活习惯和生活方式,这意味着庞大的城镇人口给城市水资源供给也带来巨大压力。

四、农业耗水量将有所下降

联合国及各国统计部门汇总报告的数据显示,截止到 2018 年 9 月,全世界 200 多个国家和地区的人口总数为 75.78 亿。而人口增长意味着对农产品的需求增加,从而增加了对水的需求。农业是目前为止最大的水资源消耗者,占所有水消耗量的 70%。到 2050 年,如果农业水资源生产率得不到进一步改善,全球农业需水量就将增加 70% ~90%。随着近些年人们物质文化生活水平的不断提高,人们日常饮食中肉类和奶制品的比重有所增加。生产 1 kg 小麦只需要 800 ~4 000 L 水,而生产 1 kg 牛肉需要 2 000 ~16 000 L 水。这意味着人类对淡水需求量仍在逐年增加。就我国而言,农业领域用水约占全社会用水的 60% 以上,农田灌溉排水设施存在标准低、不配套、老化失修、缺乏精细化管理等诸多问题,水田里“长流水”。相关统计数据显示,我国当前的农田灌溉水有效利用系数仅为 0.523，而发达国家的农田灌溉水有效利用系数已达 0.7 以上，也就是说，有一多半的水在输送和灌溉过程中就已被白白浪费掉了。

随着互联网和人工智能的迅速发展，在农业灌溉领域也率先融入了先进的科学技术，如通过智能化控制技术精准计算水肥一体化微灌系统，针对不同农作物的需水需肥规律和土壤情况，自动给水、施肥。这一技术的全面推广实施将使我国农业用水的利用率大幅度提升。

第五章 水生态文明建设

第一节 水生态文明建设概述

德国动物学家、进化论者艾伦斯特·赫克尔 1866 年在《生物体普通形态学》中首次提出“生态”概念，他认为生态是指生物群落的生存状态，包括一个生物群落与其他生物群落的关系，以及与生态环境的关系。1972 年 6 月，在瑞典斯德格尔摩召开的联合国人类环境会议上，讨论了保护全球环境的行动计划，第一次将“人类与环境”纳入讨论议题，会议通过了《人类环境宣言》，呼吁各国政府和人民保护和改善人类环境，并建议将这次会议开幕时间 6 月 5 日定为“世界环境日”，从而揭开了人类共同保护环境的序幕。

《中共中央　国务院关于加快水利改革发展的决定》中提出：水是生命之源、生产之要、生态之基。兴水利、除水害，事关人类生存、经济发展、社会进步，历来是治国安邦的大事。促进经济长期平稳较快发展和社会和谐稳定，夺取全面建设小康社会新胜利，必须下决心加快水利发展，切实增强水利的支撑保障能力，实现水资源的可持续利用。我国已充分认识到水资源对社会经济发展、社会稳定、人们对幸福生活的美好向往的重要性。

一、生态文明的含义

“生态文明”这一概念出现于 20 世纪 90 年代左右，自提出后国内外学术界对生态文明的概念展开了广泛而持久的讨论，且各持己见。比较有代表性的是从哲学、生态学、文明进化角度等角度阐释生态文明。

从哲学视角阐释生态文明，认为要把发展与生态保护紧密联系起来,要将社会经济发展与自然环境、生态环境相协调,在保护生态环境的前提下发展,在发展的基础上改善生态环境,最终实现人与物、人与自然协调发展。如李华文认为,生态文明就是把发展与生态保护紧密联系起来,在保护生态环境的前提下发展,在发展的基础上改善生态环境,实现人类与自然的协调发展。❶

从生态学视角,学者们认为生态文明应包括自然生态和人文生态。当文化领域参与自然生态后,人类的生产、生活自然会对自然生态有所干预,且逐渐形成经济、文化、政治生态,与此同时,对自然生态起到至关重要的影响。生态文明建设要从整体上把握,包括自然、政治、经济、文化等方面的协同发展,而不是仅仅涉及自然生态文明建设。只有将自然、政治、经济、文化协同发展,才能实现人与人、人与自然、人与社会的和谐相处、全面可持续良性发展。如刘智峰、黄雪松认为,生态文明是社会文明的生态化表现,是指人们在改造客观物质世界的同时,不断克服改造中的负面效应,积极改善和优化人与自然、人与人的关系,建立有序的生态运行机制和良好的社会环境,建立高度的物质文明、精神文明和制度文明。

从文明形成视角分析,认为生态文明的形成如同人类文明形成的进化过程,只是生态文明更侧重于人与自然之间的关系。社会通过制定一定制度来制约和规范人类的行为使生态环境能够持续满足人们对生产、生活的需要。生态文明不是独立的社会文明结构中的独立成分,而是一种渗透性、依附性的文明成分,它不能脱离物质文明和精神文明单独存在,必须以物质文明和精神文明为载体才能得以发展。同样,物质文明和精神文明离开生态文明将干涸,不能实现其长久持续的发展。

纵观诸多学者对生态文明的界定发现,所谓生态文明,即是以尊重自然为前提,以形成人与人、人与自然、人与社会和谐共生为基本宗旨,引导生产方式和消费方式建立在和谐可持续发展的道路上,最终使人类社会形成良好的运行机制,走上健康、科学、和谐的可持续发展道路。

❶ 葛悦华. 关于生态文明及生态文明建设研究综述[J]. 理论与现代化,2008(4):122.

二、水生态文明含义

近些年,国内学者对生态文明研究成果也较为丰硕,就水生态文明含义而言,学者们从文化伦理、人水和谐发展等角度进行相关的阐释。从文化伦理的视角,认为水生态文明是人与人、人与自然、人与社会和谐共生、全面发展、良性循环、持续繁荣的文化伦理形态。如左其亭认为,水生态文明是指人类遵循人水和谐理念,实现水资源可持续利用,支撑经济社会和谐发展,保障生态系统良性循环为主题的人水和谐文化伦理形态等。从人水和谐发展角度,认为水生态文明是在人类开发利用水资源的过程中,遵循水生态系统基本规律,实现水与人、人与自然和谐发展。如唐克旺认为,水生态文明是人类在保护水生态系统、实现人水和谐发展方面创造的物质和精神财富的总和。

从学者对水生态文明概念的界定中不难发现两点内容,一是水生态文明是生态文明的重要构成部分,研究水生态文明极大地丰富了生态文明的内容。二是水生态文明建设离不开生态文明建设的大环境,强调人与自然、人与社会、人与人之间的和谐共处,形成健康、稳定、良性循环的可持续发展思路。在此基础上,本书认为,水生态文明即是人类在科学合理地开发利用水资源的过程中,要遵循水生态系统的自然规律,节约水资源、保护水资源、保护水生态,通过制度、法律、技术、道德约束等多途径、多手段改善人与水、人与自然的关系,促进人与水、人与自然在和谐共处的基础上,形成人类文明物质成果与精神成果的总和。

三、水生态文明的内涵

(一)人与自然和谐相处是水生态文明建设之基

十八大报告首次将生态文明建设同经济建设、政治建设、文化建设、社会建设放在同等重要的位置,并对生态文明的内涵进行了全新的诠释,即“树立尊重自然、顺应自然、保护自然的生态文明理念”,倡导全体民众要尊重自然、顺应自然、保护自然,在此基础之上合理利用自然。同样,水生态文明作为生态文明重要内容之一,核心也是倡导人与自然和谐相处,解决因人口激增、经济社会高速发展导致的一系列水问题，如水污染、水灾害、水土流失、水生物种濒临灭绝等，使人与自然、人与水达到和谐共处的状态，科学合理地开发利用水资源，让宝贵有限的水资源为经济社会可持续发展提供不竭的动力支持。

（二）水资源节约是水生态文明建设的建国大业

当前我国水资源短缺、水污染严重、水生态退化等问题日益严峻，如水资源问题从一般的资源性缺水转向供水不足、水浪费和水污染相互作用形成的综合性缺水，水环境问题从常规污染物的传统型污染转向新旧多种污染物相互作用影响的复合型污染，水生态问题因水资源、水污染的日益加剧，使水生物种生存受到前所未有的考验，水灾害问题降水分布不均、极端天气时常出现、旱涝灾害发生风险日益攀升。如此种种，这些水问题对我国未来发展和安全形成严峻考验，已成为制约我国经济社会可持续发展的瓶颈。十八大报告明确提出“节约资源是保护生态环境的根本之策”，必须“加强水源地保护和用水总量管理，推进水循环利用，建设节水型社会”。厉行水资源节约是解决水资源短缺的重要之举，是构建人水和谐的生态文明局面的重要措施，是推进水生态文明建设的重点工作，是厉行水资源节约、建设水生态文明的重中之重。

（三）水生态保护是水生态文明建设的重中之重

十八大报告提出要“加大自然生态系统和环境的保护力度”，指出“良好的生态环境是人和社会持续发展的根本基础。要实施重大生态修复工程，增强生态产品生产能力”，“加快水利建设，增强城乡防洪抗旱排涝能力”，“加强防灾减灾体系建设，提高气象、地质、地震灾害防御能力”，“坚持共同但有区别的责任原则、公平原则、各自能力原则，同国际社会一道积极应对全球气候变化”。当前，大力开展水生态保护工作，这是水生态文明建设的重中之重，直接关系到人类赖以生存的生态与环境，是实现人与人、人与自然、人与社会、人与生态环境和谐共处的核心所在。

（四）水生态文明建设是实现可持续发展的重要实践

十八大报告指出，要把生态文明建设融到经济建设、政治建设、文化建设、社会建设的各环节和全过程，形成“五位一体”的生态建设模式。生态文明是物质文明、政治文明、精神文明、社会文明的重要基础和必要前提,如果生态环境受到威胁,其他文明向前发展将会失去强有力的载体。水资源是人类生存和发展不可或缺的一种宝贵的不可再生的资源,对经济社会的可持续发展具有至关重要的作用和影响。水生态文明是生态文明的重要组成和基础保障,是促进人水和谐共处、推动生态文明建设的重要实践,是实现可持续发展的重要保障。

四、水生态文明建设原则

水生态文明是生态文明的重要组成部分,是我国坚持可持续发展理念的具体表现。改革开放以来,我国经济快速发展,但水生态文明建设仍滞后于经济社会发展水平,给生态系统造成极大的压力,因此建设水生态文明已成为当前实现科学发展观的迫切要求。巴渝水生态文明建设落到实处,实现可持续发展,理应遵循以下基本原则。

(一)整体性原则

世界作为一个由自然界、人类社会和人类精神共同构成的整体,其各个部分是相互依存、相互制约的。在水生态文明建设过程中,要把水资源的开发利用作为人类活动的一个部分、一个环节来看待。不仅要把水资源的开发利用置于整个社会的发展中,更要把促进人水和谐发展作为一个整体,用整体的观点来评判社会发展各要素之间的相互关系和长远发展,用整体的观点来评价水生态环境的发展与进步。整体性原则概括起来共有两个方面的内容:

第一,要保证水资源开发利用与生态系统平衡是一个整体。水资源作为生态系统的一项重要内容,即要把水资源开发利用视为生态系统整体的一部分。一方面,要把水资源开发利用置于整个生态系统的发展中。另一方面,要把水资源开发利用与人类社会和谐发展作为一个整体,在开发利用水资源时,一定要结合当地生态系统现状,不可超过其最大承载能力。

第二,要把影响水生态平衡与发展的内在因素和外部环境视为一个整体。水资源的和谐发展离不开当地自然环境(内在因素)、人文环境(外部环境)的影响,三者之间相互影响、相互作用。在开发利用水资源的过程中,既要遵循影响水生态平衡的自然规律,又要通过制度、法律、技术、道德约束等手段来约束过度开发、浪费水资源的人为行为。将影响水生态平衡与发展的内在因素和外部环境视为一个整体,才能进一步改善人水关系,促进水生态文明建设更好发展。

(二)可持续性发展原则

坚持可持续性发展原则,就是在发展社会经济的同时,充分考虑环境、资源和生态的可承载能力,保持人与自然的和谐发展,实现自然资源的永续利用和社会的永续发展。人类社会可持续发展的首要条件是自然资源的永续性发展和生态系统可持续性的保持。水生态平衡的可持续发展原则概括起来共有三个方面的内容:

第一,公平性。这里的公平性是指每个公民都享有利用水资源、保护水资源的权利和义务。水生态系统可持续发展的公平性原则包括两方面内容:一方面是横向公平,地球上各地区、国家之间水资源分布不均衡,对于水资源比较富足的地区、国家理应有节约水资源、保护水资源的责任和义务。同时,还应有帮助水资源比较匮乏地区的责任与义务。水资源比较匮乏的地区、国家必须采取多种措施来保护水资源,科学合理地利用水资源。另一方面是纵向公平,即水资源的可持续性发展不仅要满足当代所有人对水资源的需求,而且也要保证满足后代对水资源的需求。所以,当代人有担负起节约水资源、保护水资源的责任和义务。

第二,持续性。这里的持续性特指水生态系统受到某种干扰时能保持自身修复和发展的能力。水生态资源的开发利用是人类社会生产和发展的物质基础和基本前提,水生态资源的科学合理开发利用是保持水生态系统可持续发展的前提,而水生态系统的可持续发展又是实现人类社会可持续发展的首要条件。这就从根本上要求人们为了实现水生态系统的可持续发展,要调整不健康、不合理、不科学的生产、生活方式,在水生态系统可承载的范围内确定消耗标准,合理开发利用水资源,逐步恢复水生态系统自身修复能力,使自然环境的自净能力得以继续维持。

第三,共同性。水生态系统的可持续发展与人类社会生产与发展息息相关,紧密相连,实现水生态系统的可持续发展必须与人类社会发展与全球的共同发展相结合,这既是生态系统发展的内在要求,又是人类社会持续发展的使命所在。水生态系统是一个整体,某一个地方、国家的水生态系统受到破坏,其他地方、国家的生态系统也会相应受影响。所以,要想实现水生态系统的可持续发展,必须实现地区间、国际间的通力合作,以实现全球水生态系统的可持续性发展。

(三)统筹兼顾原则

统筹兼顾,从哲学角度看,是指事物本身所具有的整体和部分,均衡(平衡)和非均衡(非平衡)之间的辩证法发展观的具体运用和方法论的创造性发展。建设水生态文明必须遵循统筹兼顾原则,这既是对我国水生态建设实践经验的科学提升,又是对我国水生态建设过程的全程科学监督。

统筹兼顾原则一方面为水生态建设指明了方向,要求在开发、利用水资源时一定要合理、适度,既要立足长远建设水生态文明,又要与各生态系统协调发展,共促人水关系,推进水生态建设的向前发展;另一方面,为水生态文明建设提供了直接的生态价值。一是统筹兼顾为正确处理人与自然、社会之间关系提供了科学的方法论,即在水生态文明建设过程中,既要抓住水生态建设的中心工作,又要做好其他各方面的工作,既要有重点,又要统筹把控全局,只有坚持统筹兼顾原则,才能使人与自然、人与社会、人与人之间和谐。二是统筹兼顾就是要实现水生态文明建设的生态效益、经济效益、社会效益三者的统一。水生态建设过程中要妥善处理三者之间的关系,因为它们不仅会影响和制约社会经济增长的质量,而且还会影响和制约整个社会与人类的发展质量。因此,必须统筹兼顾、协调好三者之间的发展关系,实现三者之间效益相统一。统筹兼顾原则是当前水生态文明建设必须坚持的基本原则,只有坚持这一原则,才能使水生态文明建设走上健康、可持续发展的道路。

五、水生态文明建设应把握的基本理念

(一)构建水生态文明人类命运共同体理念

水生态环境资源为全球资源配置,理应全球共享,一个国家、一个

地区对水生态环境资源的使用往往会影响全国,乃至全球人类的生产、生活。但水生态环境资源的治理成本却需要本国或本地政府支付,而治理收益并非本国或本地民众独享。在此情形下,许多国家或地区不愿意治理,而是以消耗更多的水生态环境资源为代价追求短期经济效益,对水生态环境低效率利用,进而损害他国乃至全球水生态环境。如近些年出现的水资源浪费严重、地下水质恶化、水污染严重、水质中持久性有机物污染全球性输送等全球水生态环境危机是当前全人类共同面临的、不可逃避的现实问题,也是人类命运共同体面临的首要挑战。因此,构建水生态文明人类命运共同体理应从人与自然生命共同体、山水林田湖草生命共同体等层面着手。

一是构建人与自然生命共同体。人类可以改造自然、利用自然,但归根结底是自然的一部分,必须尊重自然、顺应自然、保护自然、呵护自然,不能凌驾于自然之上。党的十八大报告中已明确提出,推进生态文明建设,要坚持节约优先、保护优先、自然恢复为主的方针,人类要像保护眼睛一样保护生态环境,要像对待生命一样对待生态环境,让自然生态美景永驻人间,还自然以宁静、和谐、美丽。

二是坚持山水林田湖草是生命共同体的系统思想。生态是统一的自然系统,是各种自然要素相互依存而实现循环的自然链条,水只是其中的一个要素。自然界的淡水总量是大体稳定的,但一个国家或区域可用水资源有多少,既取决于降水多寡,也取决于盛水的"盆"大小。山水林田湖草是一个生命共同体,形象地讲,"人的命脉在田,田的命脉在水,水的命脉在山,山的命脉在土,土的命脉在树"。全国绝大部分水资源涵养在山区、丘陵和高原,如果破坏了山、砍光了林,也就破坏了水,山变成了秃山,水变成了洪水,泥沙俱下,地就变成了没有养分的不毛之地,水土流失、沟壑纵横。山水林田湖草,各有其权益,但更是生命共同体。不能因小失大、顾此失彼、寅吃卯粮、急功近利。要统筹兼顾、整体施策、多措并举,全方位、全地域、全过程开展水生态文明建设。

(二)秉持绿水青山就是金山银山的理念

"绿水青山就是金山银山"是习近平总书记关于生态文明建设最著名的科学论断之一。党的十九大将"必须树立和践行绿水青山就是金山银山的理念”写进了十九大报告,《中国共产党章程(修正案)》在总纲中增加了“增强绿水青山就是金山银山的意识”这一表述。习近平总书记强调:“生态环境没有替代品,用之不觉,失之难存。环境就是民生,青山就是美丽,蓝天也是幸福,绿水青山就是金山银山。”“绿水青山就是金山银山”的理念,要求人类必须按照生态规律和经济规律办事,要始终贯彻创新、协调、绿色、开放、共享的发展理念,牢固树立尊重自然、顺应自然、保护自然的生态建设本质。在生态环境建设方面,强调“山水林田湖草是一个生命共同体”,必须按照生态系统的整体性、系统性及其内在规律,进行整体保护、系统修复、综合治理,增强生态系统的循环能力、维护生态平衡。在水生态建设方面,坚持改善生态质量,提高水生态资源利用效率,坚持节约优先、保护优先、自然恢复为主的方针,形成节约资源和保护环境的空间格局、产业结构、生产方式、生活方式,给自然生态留下休养生息的时间和空间。

六、水生态文明建设迫在眉睫

(一)忽视生态环境用水

水是生态系统维持平衡的关键要素,干涸地区因水会变为绿洲,无水则变为荒漠或者戈壁滩。水资源在分配过程中由于注重发挥水资源的经济效益,而较少考虑甚至忽略其生态效益,随着经济社会发展和人口增长,国民经济生产用水、城镇居民用水和生态环境用水之间的供需不平衡成为水资源开发利用的焦点和难点。同时,生态用水问题会直接导致生态环境恶化、生物多样性递减、地下水位下降、河道断流、水土流失严重等系列生态问题。大量统计数据显示,我国总体生态用水总量和地方生态用水总量占总用水量的比例都较低。如 2018 年全国生态用水总量 200.9 亿 m^3,占总耗水量的 3.3%;2014 年生态用水总量为 103.615 亿 m^3,占用水总量的 1.7%;2008 年生态用水总量为 100.47 亿 m^3,占用水总量的 1.7%(见图 5-1、图 5-2)[1]。

地处西南部的重庆作为中国四个直辖市中最年轻的一个,目前是

[1] 图 5-1、图 5-2 中数据来源为水利部发布的 2008—2018 年中国水资源公报。

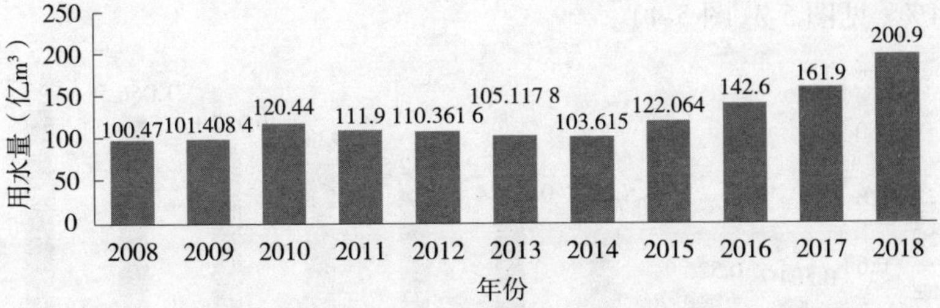

图 5-1　2008～2018 年全国生态环境用水量分布

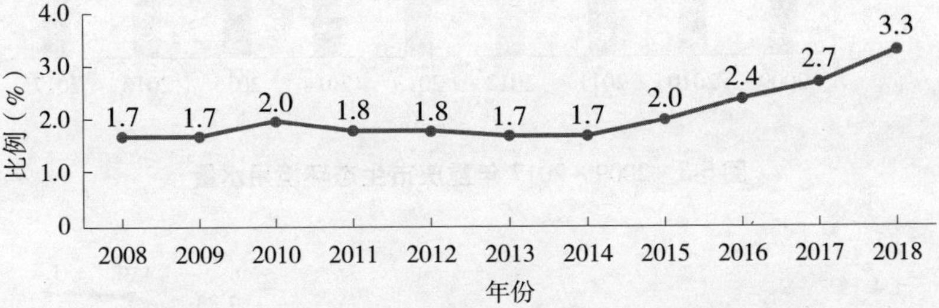

图 5-2　2008～2018 年全国生态用水量占用水总量的比例

人口最多，管理行政单元最多的特大型城市，是大城市与大农村的综合体。同时，也是一个综合型老工业城市。重庆市政府统计局官方网站统计数据显示，截至 2018 年年底，全市常住总人口为 3 101. 79 万，全年生产总值为 20 363. 19 亿元，其中第一产业增加值为 1 378. 27 亿元，第二产业增加值为 8 328. 79 亿元，第三产业增加值为 10 656. 13 亿元，三次产业结构比为 6. 8∶ 40. 9∶ 52. 3。❶ 由此可见，第一、第二产业在重庆国民生产贡献中仍占据重要地位，在水资源消耗中，占据主要地位的农田灌溉、工业用水、城市用水仍然成为重头戏。数据统计结果显示，2009 年重庆地区生态环境用水量为 0. 504 7 亿 m^3，仅占用水总量的 0. 71%；2014 年，生态环境用水总量为 0. 928 8 亿 m^3，占用水总量的 1. 15%；2017 年，生态环境用水总量为 1. 084 7 亿 m^3，占用水总量的

❶　数据来源：重庆市统计局发布的《2018 年重庆市国民经济和社会发展统计公报》。

1.4%(见图 5-3、图 5-4)。

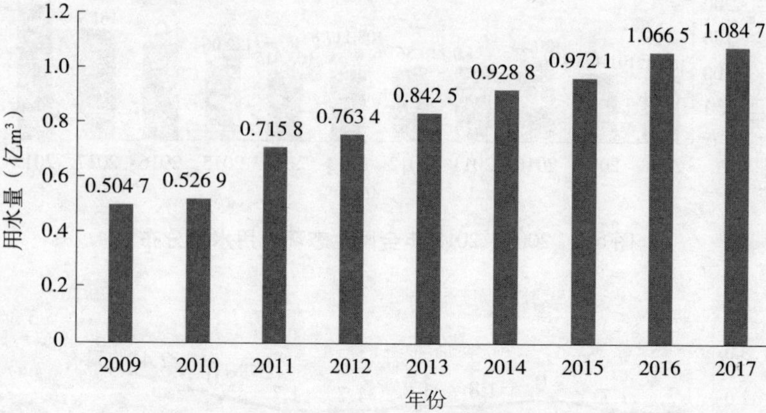

图 5-3　2009～2017 年重庆市生态环境用水量

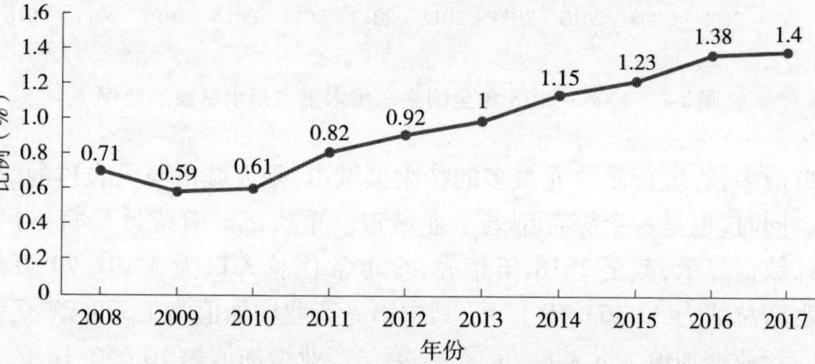

图 5-4　2010～2015 年重庆地区生态环境用水量占用水总量的比例

(二)水土流失亟须加强治理

我国是世界上水土流失最为严重的国家之一,主要表现为水土流失面积大、总量大、分布广、强度大、侵蚀重等特点。水土流失的危害极大,不仅体现在生态上,还会对农业、畜牧业等生产条件造成极大破坏,而我国水土流失的重灾区主要分布在山区和农村。中国第二次遥感调查结果显示,2009 年我国水土流失的面积高达 356.92 万 m^3,占国土总面积的 37%,亟待治理的面积近 200 万 m^3,全国现有水土流失严重的县646个,其中,82.04%处于长江流域和黄河流域。在中央政府的高度重视下,为预防和治理水土流失,保护和合理利用水土资源,减轻水、旱、风沙灾害,改善生态环境,保障经济社会可持续发展,我国于1991年制定了《中华人民共和国水土保持法》,并于2010年进行了修订。《中华人民共和国水土保持法》中明确提出水土保持工作应实行"预防为主、保护优先、全面规划、综合治理、因地制宜、突出重点、科学管理、注重效益"的方针。通过分区施策推进综合治理,使水土流失得到较大程度改善。2020年全国水土流失动态监测成果显示,2020年,全国水土流失状况继续呈现面积强度"双下降"、水蚀风蚀"双减少"态势。全国水土流失面积269.27万km^2,占国土面积(未含香港、澳门特别行政区和台湾省)的28.15%,较2019年减少1.81万km^2,减幅0.67%。各省水土流失面积均呈减小趋势。与20世纪80年代监测的我国水土流失面积最高值相比,全国水土流失面积减少了97.76万km^2。[1] 各地方政府通过采取系列措施使水土流失面积减少、强度下降,但要达到生态环境良性循环,实现美丽中国仍要继续不懈努力。

重庆地区自古以来都是水土流失较为严重的地区之一,具有范围广、强度大、腐蚀性强等特点,是重庆地区的生态环境亟须解决的主要问题之一。1986年应用遥感技术调查重庆地区水土流失,调查结果显示20世纪80年代中期,该地区水土流失面积4.89万km^2,占重庆地区总面积的59.43%。直辖后,颁布了《重庆市实施〈中华人民共和国水土保持法〉办法》,出台了《关于生态环境保护和建设的决定》,批准实施了《重庆市水土保持生态建设规划》等,采取一系列办法措施,提高水土保持的效率。2011年全市第三次水土流失遥感调查结果显示,全市总水土流失面积为52 039.53 km^2,占土地总面积的63.15%。每年的土壤侵蚀总量达1.85亿t。其中,中度以上水土流失面积为39 021.97 km^2,占全市总面积的47.36%,占水土流失总面积的

[1] 数据来源:中华人民共和国人民政府网站:http://www.gov.cn/xinwen/2021-06/08/content_5616233.html.

75%。[1] 从以上数据可以看出，全市近一半以上的面积存在中度以上土壤侵蚀。经过地方政府的不懈努力，重庆地区水土流失呈现由强向弱转化的总趋势，重庆市2017年水土保持公报数据显示，2016年重庆市水土资源流失面积28.707 71万km^2，占全市总面积的34.84%，较2015年的30.01万km^2，同比下降1.302 29万km^2。

（三）水生态系统功能受损严重

改革开放后，随着经济社会的飞速发展，工业用水量猛增，但污水处理技术工艺水平低，加上对水资源过度性开发利用，致使部分地区河流水生态系统功能受损甚至严重退化。特别是那些原本水生态环境本来较为脆弱的地区，长期干旱缺水，使生态环境十分脆弱。目前，我国主要有五个典型脆弱生态区，分别是北方半干旱农牧交错带、北方干旱绿洲边缘带、西南干热河谷地区、南方石灰岩山地、藏南山地地区。[2] 其主要表现为土地退化，水土流失严重，生物多样性降低，水资源短缺，植被减少，森林生态系统趋于简单、功能下降。此外，受人类活动的影响，水污染现象日益严重，生活污水和工业污水的排放量只增未减，污水处理工艺技能远跟不上需要，进而使水和水生物资源遭受严重的破坏。生活污水、工业污水乱排乱放现象仍旧屡禁不止，污染水体中的微生物群发展失衡，缺失种群未得到有效恢复，致使水生态群的良性循环系统功能受到威胁。

第二节　水生态文明建设的国外经验与国内经验

一、沙漠绿洲上的农业神话——以色列

以色列地处地中海东南沿岸，位于西亚巴勒斯坦地区，地中海的东

[1] 吴佩林，鲁奇，甘红．重庆市水土流失的影响因素及防治对策[J]．长江科学院院报，2005(1)：21.

[2] 袁吉有，欧阳志云，郑华，等．中国典型脆弱生态区生态系统管理初步研究[J]．中国人口·资源与环境，2011(3)：97.

南方向，是亚洲西部，亚、非、欧三大洲结合处。现有人口 884.2 万，其中农业人口占 5%。全国总面积为 2.5 万 m^2，其中 3/4 是沙漠，可耕地面积只有 42.7 万 hm^2，属于典型的干旱及半干旱气候。50% 以上的国土面积大部分被丘陵及沙漠所覆盖，森林覆盖率仅为 5.7%，人均水资源可利用量仅为 270 m^3，约为我国的 12.5%，是典型的干旱缺水国家。但在以色列政府及相关产业部门的大力支持下，农产品不仅可以满足本国消费，还大批出口至欧洲、北美市场，被誉为“欧洲的菜篮子”，每年农业产品出口利润高达 1.5 亿美元。以色列自建国以来，农业生产增长了 12 倍，而农业用水量却只增加了 3.3 倍，农业每年消耗 10 亿 m^3 水，其中 50% 是可饮用水，而其他的则来自盐水和废水。以色列在农业节水技术方面具有丰富的且可值得借鉴的经验。

一是将统一调配水资源列入国家战略。由于以色列地表水资源分布不均衡，其中 80% 的水集中在北部地区，只有 20% 在南部地区，但全国 65% 的耕地面积却在南部。北方的年降水量 800 mm，南方降水量仅为 30 mm，年降水量 350 mm，年蒸发量却高达 2 500 mm。为解决水资源分布不均和南部地区农业灌溉问题，最大限度提高耕地的使用率，以色列于 1953 年开始兴建北水南调工程，该工程将北部加利利湖的水用两级泵站提水到海拔 152 m 处，使其流向沿海，再用泵将水送到干旱的南方。此外，以色列政府还在冬季和春季北部雨水充沛时，将多余的水送往东部地中海滨海区，注入地下蓄水层，以防海水因地下水位下降而倒灌。

二是发明精准滴灌技术。地处干旱半干旱的以色列，为解决农业发展问题，政府大力支持研发农业低压灌溉技术，如滴灌、喷灌是其采用的主要农业灌溉方法。现如今，已有超过 80% 的以色列农田地采用了滴灌技术，使单位面积耕地的耗水量大幅下降，水的利用效率大大提高，每块土地可节水 50% ~70%。为了有效地利用有限的水资源，以色列根据地形、气候、农作物的特性，创造了将水直接输送到植物根部的滴灌系统，并将最现代化的传感器和测定水肥需求量的电子计算器安装在滴灌系统，将水肥最适合的比例输送到植物根部，同时最大限度地降低农田灌溉水资源的浪费，大大提高了农田水资源的利用率。

三是污水回用系统不断完善。由于严重缺乏淡水资源，以色列最大限度地利用每一滴水，包括污水的回收利用。1972 年，以色列政府制定了“国家污水再利用工程”计划，规定城市的污水至少应回收利用 1 次。2001 年，以色列政府在全国推行海水淡化计划，兴建海水淡化工程，目前，以色列有 5 家海水淡化厂，每年提供约 6 亿 m^3 淡化水，相当于全国工业、农业以及居民日常用水总量的 30%。以色列的海水淡化厂采用淡水回收率高、消耗能源少的逆渗透技术。利用半渗透膜，只允许分子通过，将盐分过滤，淡化后的水经过酸碱度调节就可以用于农业灌溉；同时，还可以将淡化水经过消毒、调节酸碱度等处理后，变为直接饮用的清洁水。目前，以色列 100% 的生活污水和 72% 的城市污水得到了回用，而污水处理后的出水 46% 直接回用于灌溉，其余 33.3% 和约 20% 分别回灌于地下或排入河道。利用处理过的污水进行灌溉，不但可增加灌溉水源，而且能起到防止污染、保护水源的作用，使许多干涸了的河流恢复了生机。正是这些淡水处理的技术，使以色列成为第一个不再受水资源威胁的中东国家。

二、留住雨水——德国

德国位于欧洲的中部，国土总面积为 35.7 万 km^2，人口约 8 180 万，属于温带气候。德国降水量空间分布差异大，其中北德平原为 500 ~ 700 mL，中部山地为 700 ~ 1 000 mL，南部阿尔卑斯山区超过 2 000 mm。此外，德国的河流、湖泊众多，主要有莱茵河、易北河、多瑙河、威悉河、埃姆斯河、博登湖、米里茨湖、什未林湖、基姆湖、大普劳厄湖等。由于德国地势南高北低，故大多数河流由南流向北，刚好弥补了降水量南多北少的差异。因此，德国是一个水资源时空分配均衡且较为充沛的国家。尽管水资源充沛，但为了维持良好的水环境，德国了采取一系列措施来保护水生态。

一是分类收集来自不同面积上的降水径流。如来自屋顶的降水径流除初期受到污染外，后期径流一般水质较好，稍加处理或不用处理可直接用于冲洗厕所、灌溉绿地、构造水景观等；来自机动车道的降水径流因机动车辆的磨损而含有大量的金属、橡胶和燃油等污染物质，不能直接利用，需要处理达到排放标准方可排放。

二是分类传输与存储雨水。根据不同面积上的降水径流采取不同的传输和存储设备。地下管道传输主要用于输送、暂存雨水和缓解洪峰；地表明沟传送不仅限于传输雨水，更重要的是模拟天然水流蜿蜒曲折的轨迹，打造城市景观。除此之外，家庭、社区也充分利用降雨打造水景观、人工湿地、人工湖等家庭微型水景观或城市水景观。

三是分类过滤、控制、处理雨水。根据下垫面降水径流含有的不同杂质，研发了不同形式的径流过滤器。如给房屋漏雨管下端安装体积较小的分散式过滤器；还有一种是将来自不同面积的径流汇集到一起，通过集中式过滤器进行集中过滤。由于径流量的变化范围较大，且随机性大，为了使过滤后的雨水达到理想的处理效果，德国研发了径流控制设备，使径流量以恒定流量进入污水处理厂，达到预期处理效果。

四是充分利用雨水径流。在德国，雨水径流被广泛应用于城市建设、日常生活等方面。如利用雨水打造城市水景观、人工水面、城市湿地、回灌地下水等；利用处理后的雨水冲洗厕所、洗衣、进行农业灌溉等。

三、节水教育先行的典范——新加坡

新加坡位于马来半岛南端，毗邻马六甲海峡南口，南面有新加坡海峡与印度尼西亚相望，北面有柔佛海峡与马来西亚相望，总面积约 700 km^2，总人口约 550 万。新加坡仅有新加坡河和加冷河两条溪流，没有天然的蓄水层，年均淡水资源总量为 6 亿 m^3，人均占有量仅为 124 m^3，居世界倒数第二，是世界上最干涸的国家之一。因此，新加坡将珍惜水资源、节约用水作为国民教育的重要内容。

一是政府高度重视培养国民节水意识。自 1965 年建国起，每一任执政者在不同场合时刻提醒民众，新加坡是一个水资源极度匮乏的国家，要牢记水是新加坡赖以生存的基础。新加坡首任总理李光耀曾在新闻媒体上说："每一项政策都可能因为水资源问题让我们屈膝""水，挡住了新加坡所有的发展前景”。[1] 时任总理李显龙通过不同新闻媒介呼吁民众要节约用水，来应对新加坡持续已久的旱情。

二是节水意识培养要教育先行。新加坡从未间断对国民节水教育方面的培养，通过节水意识进校园、水资源现状进教材、节水主题讲座进课堂，使全体国民自小就明白新加坡是一个水资源匮乏的国家，从儿童期就开始树立节水意识，从而养成在日常生活中节约用水的行为习惯。通过节水教育一方面使民众养成节水意识，另一方面使国民认识到水资源对其后代可持续发展的重要意义。

三是个体教育与集体教育相结合。一方面，新加坡重视学校教育、企业员工在节水方面的教育；另一方面，重视以社区、企业、家庭为单位的集体教育，通过在社区、公司等张贴节水宣传海报，观摩废水循环再利用技术设施、设备，参观淡水处理工厂、雨水收集装置等项目，从正反两方面宣传节约用水对家庭、社区、国家，乃至后代发展的重要性，激发学生节约水资源的内在自觉性和积极性，让节水行动从个人行为提升为爱家、爱国、爱地球的高层次行为，进而提高对家庭的强烈归属感、对国家的高度认同感。

四、节水行动在路上——中国

中国是世界上 13 个最缺水的国家之一，人均水资源占有量少，水资源分布不均，供需矛盾突出，节水意识薄弱，水资源浪费严重，第一、第二产业用水粗放，污水、雨水处理技术水平较弱，水资源利用效率与国际先进水平相比还存在较大差距，水资源短缺成为制约经济、农业可持续发展和生态建设的最大瓶颈。

2014 年 3 月，习近平总书记在中央财经领导小组第五次会议上，提出了“节水优先、空间均衡、系统治理、两手发力”的十六字新时期水利工作方针。节水优先是解决长江流域部分区域水资源供需矛盾突出、部分水域水污染严重的必然选择。一方面，长江流域人均占有水资源量少，仅相当于世界平均水平的 30%，且时空分布不均，部分区域、

[1] 谢东宝. 从节水教育看新加坡的水忧患意识[N]. 黄河报,2017-06-20.

部分时段水资源供需矛盾突出;另一方面,长江流域用水效率低,人均综合用水量为世界先进水平的3倍,废污水排放量已达到350亿t(目前仍在缓慢增长),部分水域水污染严重、水生态受损。节水减排是解决水短缺、水浪费、水污染的优先选项❶。

一是建立健全节水政策法规体系。目前,我国已将节水纳入国家法律法规范畴,各级地方政府也将节水纳入部门规章、地方性法规规章、规范性文件等制度体系。2019年4月15日,国家发展和改革委员会、水利部联合印发《国家节水行动方案》,明确提出,到2035年,我国将形成健全的节水政策法规体系,完善的市场调节机制、先进的技术支撑体系。各地方政府结合区域用水总量,划定水资源承载能力地区分类,实施差别化管控措施,形成用水强度控制指标体系,建立健全监测预警机制和监督考核机制。

二是提高农业有效灌溉面积。目前,中国在农业灌溉节水方面将"低能耗、集约化、自动化、智能化"作为现在发展的主要方向。现已大力推广喷灌、微灌、滴灌、低压管道输水灌溉、集雨补灌、水肥一体化、覆盖保墒等先进农业节水技术。农业节水灌溉有关数据统计结果显示,我国农田有效灌溉面积从2000年的0.492亿hm^2增加至2015年的0.658亿hm^2。按照《中国水利改革发展"十三五"规划》要求,到2020年全国农田有效灌溉面积将达到0.667亿hm^2以上,新增高效节水灌溉面积0.067亿hm^2,农业灌溉用水有效利用系数从2000年的0.41提高至0.55以上。❷ 但是,在农业灌溉用水效率方面,中国与美国、以色列、巴西等国家相比仍有较大差距,如中国2013年喷滴灌占总灌溉面积的10.92%,而在2000年时,以色列滴灌占总灌溉面积的比例就已达到了99.57%。即使2019年中国的人均GDP已超过巴西,但在农业节水灌溉方面,中国却远低于巴西(见表5-1)。

---

❶ 马建华. 准确把握习近平总书记新时期水利工作方针 扎实做好各项治江工作[EB/OL]. 长江水利网,2018-05-24.

❷ 陈东,银永安,王永强,等. 中国农业节水灌溉技术现状及其发展对策[J]. 作物研究,2018(4):330-333.

表 5-1 中国农业节水灌溉面积与其他国家比较❶

国家	总灌溉面积（万 hm^2）	喷灌（万 hm^2）	滴灌（万 hm^2）	喷滴灌合计（万 hm^2）	喷滴灌占比例（%）	年份
中国	6 347	306	387	693	10.92	2013
美国	2 470	1 235	164	1 399	56.64	2009
巴西	580	386	62	448	77.24	2013
以色列	23	5.7	17.2	22.9	99.57	2000

三是推进工业节水改造。随着我国经济社会的高速发展，工业用水量迅速增长。国家统计局统计资料显示，2013 年，中国完成工业增加值21.07亿元人民币，规模以上工业增加值同比增长 9.7%。联合国工业发展组织资料显示，目前中国工业竞争力指数在 136 个国家排名第 7 位，制造业净出口居世界第一。❷ 而到了 2018 年，我国的工业增加值已达到 30.516 亿元，规模以上工业增加值增长 6.2%。❸ 但是，制造大国、工业大国的背后是工业用水量的增加。中国水资源公报统计数据显示，2000 年工业用水量为1 138.1 亿 m^3，到 2004 年已达到 1 231.7 亿m^3，2011 年达到 1 459.6 亿 m^3（见表 5-2），短短十年时间，工业用水量增加百亿立方米。十八大之后，随着生态文明建设步伐的加快，对水资源利用高度重视，加大了工业节水减排，大力推广高效冷却、洗涤、循环用水、废污水再生利用、高耗水生产工艺替代等，以多种举措开展工业节水用水问题。此外，还通过高耗水项目改扩建，以及水循环工程项目建设，大力推动高耗水行业节水增效。

❶ 陈东，银永安，王永强，等. 中国农业节水灌溉技术现状及其发展对策［J］. 作物研究，2018(4)：330-333.（有修改）

❷ 中研网：http://www.chinairn.com/news/20141009/153127263.shtml.

❸ 数据来源：国家统计局发布《2018 年国民经济和社会发展统计公报》。

表 5-2　2000—2018 年中国工业用水量❶

年份	全国总用水量（亿 m^3）	工业用水量（亿 m^3）	工业用水量占总用水量的比例（%）
2000	5 498	1 138. 1	20. 7
2001	5 567	1 141. 2	20. 5
2002	5 497	1 143. 4	20. 8
2003	5 320	1 175. 7	22. 1
2004	5 548	1 231. 7	22. 2
2005	5 633	1 284. 3	22. 8
2006	5 795	1 344. 4	23. 2
2007	5 819	1 402. 4	24. 1
2008	5 910	1 400. 7	23. 7
2009	5 965. 2	1 389. 9	23. 3
2010	6 022	1 445. 3	24. 0
2011	6 107. 2	1 459. 6	23. 9
2012	6 131. 2	1 379. 5	22. 5
2013	6 183. 4	1 409. 8	22. 8
2014	6 095	1 353. 1	22. 2
2015	6 103. 2	1 336. 6	21. 9
2016	6 040. 2	1 304. 7	21. 6
2017	6 043. 4	1 275. 2	21. 1
2018	6 015. 5	1 263. 3	21. 0

链接

伦敦泰晤士河——艰难整治　终焕生机

19 世纪之前，泰晤士河还是河水清澈，碧波荡漾，水中鱼虾游弋，河面禽鸟翱翔。但随着工业革命的兴起及两岸人口的激增，每天排放

❶ 数据来源：水利部发布的《2000—2018 年中国水资源公报》。

的大量工业废水和生活污水使泰晤士河变得污浊不堪,水质严重恶化。20 世纪 50 年代末,泰晤士河的污染进一步加重,水中的含氧量几乎等于零,除少数鳝鱼外,其他鱼类几乎绝迹。美丽的泰晤士河变成了一条死河。肮脏的河水还成为沿岸疾病流行的祸首。

20 世纪 60 年代初,英国政府痛下决心全面治理泰晤士河。首先通过立法,对直接向泰晤士河排放工业废水和生活污水作了严格的规定。有关当局还重建和延长了伦敦下水道,建设了数百座污水处理厂,形成了完整的城市污水处理系统,每天处理污水近 43 万 m^3。

目前,泰晤士河沿岸的生活污水首先要集中到污水处理厂,经过沉淀、消毒处理后才能排入泰晤士河。污水处理费用计入居民的自来水费中。根据英国相关法律,工业废水必须由企业自行处理,并在达标后才能排进河里。没有能力处理废水的企业可将废水排入河水管理局的污水处理厂,并交纳排污费。检查人员还不定期到工厂检查,那些废水排放不达标又不服从监督的工厂将被起诉,受到罚款甚至停业。

为了解决大气中烟尘对泰晤士河的污染,有关部门制定了严格的工业废气排放标准,并限期达标,一些污染严重又不认真治理的工厂被关闭。伦敦地方当局还逐步禁止居民烧煤或烧木柴。以前,泰晤士河沿岸的 20 多个发电厂直接将冷却用水排放到河里,使夏季河水的平均温度由十七八摄氏度上升到 22 ℃,偏高的水温加速了水中微生物的繁殖和水草生长,加剧了水质恶化。如今,发电厂都采用了冷却循环塔,以避免向泰晤士河排放大量热水。

经过 20 多年的艰苦整治,如今流经伦敦的泰晤士河已由一条臭河变成了世界上最洁净的城市水道之一,已有 118 种鱼类和 350 种无脊椎动物重新回到河里繁衍生息,每年还有众多的垂钓者和游人在此休闲娱乐。

——引自《中国信息报》2018 年 5 月 9 日

泰晤士河治理前

泰晤士河治理后

四是提高居民节水意识。随着我国改革开放的深入,城镇化的加速,城镇人口激增,城市发展对水的需求不断增加,越来越多的城市正在面临水资源短缺的问题。国家统计局公布的《全国历年水环境情况(2000—2020 年)》显示,2014 年我国人均用水总量达到 446.7 亿 m^3,生活用水量达到 766.6 亿 m^3。我国人均用水总量和生活用水量与中华人民共和国成立前相比,上涨了十几倍。如在中华人民共和国成立初期,上海的人均日用水量为 7 L,到 2004 年上海的人均日用水量达到 350 L。随着我国城镇化进程的加快,居民生活习惯发生变化,用水人口增加,城镇水资源短缺的形势日益严峻,但水资源浪费严重,节水意识不强。为了促进全民形成节水意识,提高水资源利用效率,2013 年 12 月 31 日,国家发展和改革委员会、住房和城乡建设部联合印发《关于加快建立完善城镇居民用水阶梯价格制度的指导意见》。该意见的出台对提高居民节约意识,引导节约用水,促进水资源可持续利用具有十分重要的意义。一方面,通过价格机制调节作用,提高城市居民用水效率,促进水资源的可持续利用;另一方面,通过阶梯水价,提高居民的节水意识。根据国家统计局官方数据显示,2020 年我国人均用水总量下降到 411.9 亿 m^3,生活用水总量达到 863.1 亿 m^3。生活用水总量与 2014 年相比有所增长,主要是因为生态用水总量上涨,达到 307.0 亿 m^3。而近年来上海的人均日居民生活用水量控制在了 120 ~ 130 L,远低于国家规定的上海等城市居民人均日用水 180 L 的控制标准。随着我国多元化节水行动的开展,居民的节水意识也在不断加强,并将节水变成自己的自觉行动。

链接

中国首例水生态修复技术工程化运用成功案例——惠州西湖

◆惠州西湖生态修复——水体透明度提升到水深1.5 m以上

惠州西湖(南丰湖)生态修复工程于2015年年底启动,主要实施了外源污染源控制、鱼类群落结构调控、底栖动物放养、岸带改造、水生植物种植以及生态系统调整和维护等。

经过修复和优化维护,修复区已构建起优良的水生态系统,湖区修复后水体透明度从0.3 m提升到1.5 m以上,水深1.6~2.5 m,湖水清澈,各种污染物指标均显著下降,主要水质指标达到地表水Ⅲ类标准以上,恢复了水体的自净功能,水质和景观得到明显改善,构建起湖区平衡稳定的水生态系统。

◆新开河河岸整治——沿岸将建5个景观节点公园

惠州西湖沿岸整治工程以“河畅、路通、水清、岸绿”为目标,按照“防洪排涝、截污治污、景观美化、生态修复”治水理念,实施“河道整治工程、水质改善工程、景观美化工程和沿河交通工程”四大工程。

◆惠州大堤(南堤)堤路贯通工程——防洪保障水平大幅提升

惠州大堤(南堤)堤路贯通工程正在加紧推进中。该项目东起合生大桥,西止惠城区与博罗县交界处,总长13.5 km,于2017年3月动工。惠州大堤(南堤)堤路贯通工程建成后,将进一步完善城市防洪治涝体系,将防洪保障水平提升至百年一遇。同时,将与上游已经贯通的沿江路连接,使东江南岸形成一条完整的沿江生态景观走廊,将沿江的公园、绿地、山体、湖岸串联起来,集休闲健身、旅游观光于一体,从而整体提升惠州城市品位。

◆松树岗村水环境综合治理——生态净水项目大大改善当地水环境

村美、水清、树绿……日前,走进博罗县长宁镇松树岗村,美丽新农村的新气象扑面而来,慕名前来的游客络绎不绝。村中有一池,池水清澈见底,水底植物生机盎然,构成了“水下森林”般的原生态美景。这是松树岗村的生态净水项目，通过循环生态链净水技术，保持了水体的自我净化功能。

——引自《南方都市报》2018 年 8 月 13 日

惠州西湖

第六章　水文化教育体系构建

第一节　水文化教育理念

谈起水文化,首先让人们想起的便是水的上善品格,而水的这一内在特性是由道家创始人老子提出的。就本质而言,水的文化意蕴与教育的内在要求是相契合的。可以说,水文化教育对提升民众的社会责任感、团结协作意识、科学价值观念等都有着极为重要的影响。

一、水文化教育理论渊源:水几于道

追本溯源,可以将老子的水哲学思想视为水文化教育的理论渊源。作为道家思想文化的开山之作《道德经》,其中蕴含着极为丰富的哲学思想。无论是对宇宙形成、运行、规律的思考探索,还是对社会、政治、教育的洞察反省,都有着极为深刻的、独到的解读。有学者认为,"水德"才是老子哲学的灵魂所在。❶ 说得更为明确一些,在老子眼中,水几于道。那么,需要人们思考的是,作为水文化教育理论之源的老子水哲学思想的内在本质是什么?

(一)老子水哲学的内在本质

老子水哲学的内在本质:从"无为的自然性"到"善为的实践性"。

首先,可从《道德经》挖掘出"水"最为显著的几大特征。其一,几于道。《道德经》开篇:"道,可道,非常道;名,可名,非常名。"❷道,在老子看来是不可名状、不可言传的抽象的存在,而水则是清晰可见、可触摸的具体的存在。《道德经》第八章:"上善若水,水善利万物而不

❶ 沈明明."水德":老子哲学思想的灵魂[J].福建论坛·人文社会科学版,2010(3).

❷ 冯达甫.老子译注[M].上海:上海古籍出版社,2006:1.

争,处众人之所恶,故几于道。"[1]在这里,老子明确指出,水近似于道,两者有着内在的、本质的共同性。其二,处下。在老子看来,水"高下相顷",永远流向低处,始终以低姿态示人;水"处众人之所恶",永远不避污秽,全身心除垢。其三,不争。《道德经》中十分鲜明地提出:"水善利万物而不争……夫唯不争,故无尤。"即水普润万物却不与万物相争。上述几大特征也是目前学界最为普遍的一种观点。从这些主要特征中,不难推断老子水哲学思想的内在本质是无为的自然性。由此,无为、不争、示弱、寡欲、善为等字眼便成为老子水哲学思想的标配。本质果真如此?

重新回到"水善利万物而不争",通常而言,"善利万物"被理解为普润万物,即水养育万物,强调的是水的给予与付出。其实,这仅是其中一层意义。另一层意义,则表现在水的索取。即水在养育万物,同样也在利用和主宰万物,本质而言,这里突出的是"善为"。譬如,水普润万物的同时,为自身创设一个更好的生存环境,水利用广阔的洼地聚集成海等。正如老子所言,"天下莫柔弱于水,而攻坚强者莫之能胜,以其无以易之。"[2]"天下之至柔,驰骋天下之至坚。"[3]那么,不难理解的是,"水善利万物而不争"中的"善利万物"不仅是普润万物,同样有着善于利用,适当索取的本质内涵。因此,老子水哲学思想本质中不是消极地无为,不是单纯地示弱,也不是一味地处下,更不是盲目地妄为,而是在自然的、和谐的状态下,无私地给予,适当地索取,持续地强大。这才是老子所说的"圣人之道,为而不争。"[4]简言之,"为而不争"是老子水哲学思想的灵魂所在。

(二)为而不争:消极表象背后的积极本质

"为而不争"作为老子的"天之道"的核心思想,成为贯穿《道德经》全书的主题。所谓的"为而不争",按照冯达甫先生的解释就是:

---

[1] 冯达甫. 老子译注[M]. 上海:上海古籍出版社,2006:17.
[2] 冯达甫. 老子译注[M]. 上海:上海古籍出版社,2006:176.
[3] 冯达甫. 老子译注[M]. 上海:上海古籍出版社,2006:104.
[4] 冯达甫. 老子译注[M]. 上海:上海古籍出版社,2006:182.

（圣人的行事）只施为而不与人争。由此不难理解，“为而不争”所真正体现的是消极表现背后的积极本质。水文化教育实践中“为而不争”的积极本质主要体现在以下几个方面：第一，从学校角度出发，在水文化教育实践中，学校的“不争”与“善为”要体现为不谋一时而谋全局。“不争”要体现为学校在水文化教育实践中要始终扮演“倡导者”“推动者”“服务者”的角色，不应只谋眼前短期利益，更不应只争一时的利益得失。在教育实践中，不能只注重学生的专业教育，忽视学生的通识教育。要从长远利益出发，实现学校、老师、学生三方互动与互赢，克服单一的人才培养模式，全面提升人才培养质量。第二，从老师角度出发，在水文化教育实践中，老师的“不争”与“善为”要体现在淡泊名利、为人师表方面。即学校的老师在拥有高水平的专业知识与技能的同时，也应加入水文化教育实践行列。每位老师以身作则，深入学习水文化思想，并以此指导，贯穿于专业教学过程之中。通过对水文化教育的实践思路、方法、模式等方面的不断研究，真正实现水文化教育入学生的脑、进学生的心，以满足学生全面发展的内在需求，提升学校水文化教育质量。第三，从学生角度出发，在水文化教育实践中，学生的“不争”与“善为”要体现在不唯分数，更重能力。学生在水文化教育实践中始终占据主体地位，这是因为，水文化教育的最终落脚点和归宿点便是学生。那么，学生要主动对接水文化教育理念，所学知识符合自身发展的需要，提高自身综合素质与能力。

二、水文化教育理念本质：以水育人

水文化深度融入教育实践之中，其结果显而易见，即被教育者的身上镌刻着水一般的特质：润泽、灵动、奉献，等等。仔细分析，不难发现，水，遇热为气，遇寒为冰，遇圆则圆，遇方则方，因势而变，因变而动，遵循着万物本然的规律，启迪心智，教化育人。就其理念本质有着丰厚的文化意蕴，以及崇高的精神内核。具体体现在以下几点：

第一，水有大用。无色无味，看似一无是处，却无处不需。水，可以说是无处不在。对生物而言，无水则无法生存，往大了说，水是构成万物生存生长的基本条件；往小了说，有水则生，无水则亡。水的作用可见一斑。

第二,水有大智。拥有至上的地位,却又无比的谦逊。诚如老子所言:“上善若水,水利万物而不争。”可以说,水,往往处于世间最不起眼的地方,或是山谷,或是洼地,或是地表深处,却无时无刻不在普润万物。譬如,河边的草地、山川的树林,以及飞禽走兽等。由此可见,水有成人之心,更有包容之智。

第三,水有大勇。水,自强不息,锲而不舍,坚韧不拔。水在汇流成溪、积聚成河的过程中,总会遭遇种种的阻隔,即便如此,也无法阻挡其前进的脚步,或是穿林越谷,或是翻山越岭,不退缩,不气馁,持之以恒,勇往直前。这种大勇的精神在水的运动中表现得淋漓尽致。

第四,水有大爱。水,从不怜惜自身,涤荡各种污垢,干净了世界,却脏了自己。而这种眼界,正是天下的大格局。这种心有大爱的精神,投射到社会之中,便是一种无私奉献的精神。

不难看出,水文化教育的理念本质,就在于以水的精神内核对人的言行举止形成一种潜移默化的影响,从而逐步将水的精神内核内化于被教育者身上。可以说,水文化教育的理念本质在于对人的信念、精神和理想的正确引导上,是一种科学的世界观与人生观的教育。换言之,就是以水的精神内核,促使人们对生活更加热爱,对生命更加珍视,对社会美好前景更加向往,是一种至高境界的生命本质的体现。在这一过程中,每个人努力学会做一个有大智、大勇、大爱、大用的人。

三、水文化教育目标指向:人水和谐

任何一种教育都是有其明确的目标指向的。譬如,某一专业的教育培养目标,是对某一级、某一类学校培养人的质量规格的设想或规定。可以说,这是对某一专业教育目标进行总体性的设计,具有高度的概括性,其对各种具体的教育、教学实践活动具有明确的要求与规范。那么,水文化教育呢,其并非是一门专业的技能教育,而是一项全能的素质教育,其是否具有十分明确的教育目标呢?答案是肯定的。

首先,需要指明的是,对水文化教育的建设与发展,不同时代,不同人群,都有不同的理解。早些年,因为人们更加注重专业、技能教育,绝大多数的学校忽略了水文化教育。而后,随着素质教育的大力提倡,水文化教育才逐步被人们所认知,同时,日益成为众多学校,特别是水利院校学生的必修功课。那么,作为一门重要的教育课程,构建系统的教育目标便成为水文化教育的重要课题。就宏观层面而言,构建水文化教育目标,是为实现水文化教育教学目的而提出的一种概括性、前瞻性的要求。其本质作用在于,对水文化教学实践活动提供正向激励,以及正确的引导。就微观层面而言,水文化教育目标具体化为切实可行的教学计划,是对水文化教学实践过程进行细化,以及具体化。其本质作用在于对水文化教育目标的总设计方案进行纠正。但是,这仅仅是从水文化教育教学实践的维度进行界定的,那么,其最为本质的目标指向是什么?是能够让人们从真正意义上,科学辩证地认识与处理好人与水之间的关系,进而实现人与水之间的关系平衡,促进人与水,甚至与整个自然的和谐发展。

当然,有人必然会有疑问,人与水之间关系不够平衡吗?不够和谐吗?现实中人们对水的使用与处理并未令人难以接受。事实上,人与水的关系也经历了一个漫长的发展过程,总体上分为敬畏阶段、开发与掠夺阶段和共生阶段。那么,在不同的阶段,人与水的关系也呈现出不同的状态。哪种阶段,或者说哪种状态下,人与水之间的关系才是和谐的呢?其一,敬畏阶段。这一时期,处于生产力极其低下的原始社会,那时候的人们对水的认识尚浅,能够利用水,却无法控制水,特别是应对水旱涝灾等。总体上,这时候的人与自然的关系是“水强人弱”,人只是被动地适应水,没有很好地开发与利用。其二,开发与掠夺阶段。这一阶段分为两个时期,开发与掠夺。在水开发时期,随着生产力的不断发展,人们对水的开发利用的能力进一步提高,水对人们的生产生活的影响进一步加深。与此同时,人们对水旱涝灾的抵御与控制力也相应地提高。在水掠夺时期,主要体现为工业革命之后的社会,人们为了满足自身发展的需要,无限度地向大自然索取水资源。在这一阶段,人与水之间的关系逐渐呈现出人强水弱,人与水关系处于高度紧张状态。其三,共生阶段。尽管在人强水弱的发展状态中,在人们眼中,水似乎随意为人们所用,然而,随着水污染的不断加剧、生态的失衡,水在无声中给人以警示。人们越来越认识到,人与水之间更应该和谐共生,这时候的人与水的关系才处于理想的状态,即“人水和谐”。当这样的理念不断深入人心的时候,人们在推进社会科技、经济发展的同时,必然会用心评估水和自然的承受力,做好平衡方案,确保水在造福人类的同时,又不破坏自然平衡。由此,水文化教育的目标指向就是实现人与水、自然的和谐发展。

四、水文化教育实践方式:以点带面

水利院校作为水文化教育实践的前沿阵地,必须肩负起水文化教育的历史使命,全力将水利院校打造成为水文化教育的“示范区”。在水文化教育实践过程中,要格外注重对水文化思想资源的深入挖掘,并将其渗透到水利院校建设与发展的方方面面,真正树立水文化的形象与品位。这其中,尤为注重水文化教育方式的创新,要采取以点带面,做足示范,形成星火燎原之势。具体建设思路如下。

(一)科学规划,做好顶层设计

一是统一思想,形成共识。要进一步解放思想,转变观念。明确水文化教育的目标任务,统一各方力量的管理思想,为共建、共管、共享奠定坚实的思想基础。二是坚持“本色、特色、绿色”发展理念。依托水利院校水文化资源优势,深入挖掘优质资源,着力推进特色水文化发展,同时注重走绿色健康发展之路。三是立足水利院校自身发展实际,抓好顶层管理设计。水利院校的发展思路不清晰、发展战略不明确就无法实施科学有效的管理,更难以形成规范有序的发展模式。在推进水文化教育实践过程中,应以科学发展观为指导,以可持续发展为主线,注重水文化特色优势,研究制订科学化、规范化、标准化的发展规划方案,为“以点带面”的水文化教育实践模式构建提供核心保障。其关键在于要精心组织研究,深入挖掘优质资源,把握教育发展风向标,并在此基础上不断完善水文化教育发展规划,找准目标,做好定位。四是正视薄弱环节。分阶段、分层次调研分析,查找水文化教育实践中存在的各种问题,重视突出问题,正视薄弱环节,及时提出解决方案,同时进一步细化发展战略目标节点,保障发展规划的健康性。

（二）高效联动，做好分层对接

一是厘清工作界面。根据水文化教育总体战略发展规划，建立健全职能部门，配合水文化教育发展实际，促进各部门，特别是教学部门，应积极做好部门详细工作计划，明确各自的职责及功能定位。同时，完善岗位职能。全面把握水文化教育发展脉搏，做好各岗位职能的定位，主动适应水文化教育的新需求。二是发挥示范效应，分类指导。定期或不定期对水文化教育实践部门的工作开展情况进行摸底调研，树立或建设一批典型部门，“以点带面、以点穿线”，充分发挥典型示范效应，同时，根据战略规划实施实际分层次、分阶段进行有效指导。三是构建高效联动机制。建立健全部门高效联动机制，形成“统筹谋划、部门联动、责任明确、运行高效”的部门协作新机制，实现水文化教育实践的规范化、精细化和专业化，为水文化教育发展注入新的活力和生机。

（三）强化执行，做好逐层落实

一是逐层实施，协调推进。基于水文化教育战略规划实际，加大各层执行力度，全面推进逐层实施方式。坚持“一层一个印”，推动水文化教育发展在水利院校各个层面严格贯彻、执行。二是建立目标实施跟进管理制度。将主要从事水文化教育的教职工的工作任务与目标进一步细化，并对实施过程跟进监督确保各项工作有序推进。三是构建规范科学的工作体系。进一步完善各项工作制度和岗位职责，健全统筹发展的管理机制，真正形成一套职责明确、程序完善、执行有力、统筹运转的工作体系。四是完善人才保障体系。不断优化人才结构，为水文化教育实践提供智力支撑。一方面，制定人才引进优惠政策，吸引高素质、专业化人才加盟，确保“请进来、用得好、留得住”；另一方面，加强内部人才的培养，提升专业素养和技能，并制定激励措施，充分调动积极性。

第二节　水文化教育体系构建

十九大报告中明确提出“坚持人与自然和谐共生。建设生态文明是中华民族永续发展的千年大计。必须树立和践行绿水青山就是金山银山的理念,坚持节约资源和保护环境的基本国策,像对待生命一样对待生态环境,统筹山水林田湖草系统治理,实行最严格的生态环境保护制度,形成绿色发展方式和生活方式,坚定走生产发展、生活富裕、生态良好的文明发展道路,建设美丽中国,为人民创造良好的生产生活环境,为全球生态安全作出贡献。"❶那么,不断加强水文化教育实践变得十分迫切。加大力度宣传国情水情,提高全民水患意识、节水意识、水资源保护意识,广泛动员全社会力量参与水利建设。把水情教育纳入国民素质教育体系和中小学教育课程体系,作为各级领导干部和公务员教育培训的重要内容。把水利纳入公益性宣传范围,为水利又好又快发展营造良好舆论氛围。

一、水利高等院校的水文化教育实践

水文化的宣传普及有利于行业特色型大学生人文素养和综合素质的提高。当代大学生对于传统文化和地域文化持漠视态度,尤其是行业特色型院校,由于学科性质单一,人文素养更为薄弱。巴渝特色水情教育体系可以结合行业特色,营造较强的人文氛围,激发大学生对民族文化和地域文化的热爱,有力弥补学科单一的不足。另外,水文化对高等学校的校园文化建设也有重要作用。高等学校可以根据本校的特色,营造特色鲜明的校园文化,培育具有鲜明特征的学校精神和良好的学风、教风、校风。

重庆水利电力职业技术学院是巴渝地区唯一一所行业办学、主要培养水利专业人才的高职院校,水利大类专业 11 个,水利工程施工技术等 13 个专业,这在重庆市属于唯一设置。学院致力于打造以"水"为特色的校园文化。形式上,校园建筑、景观设计围绕"水";内涵上,学院依托特色行业背景,致力于水文化研究与普及推广,于 2016 年发起成立了重庆市水文化研究会,并积极筹建重庆市水利科学研究院与

❶ 习近平．决胜全面建成小康社会　夺取新时代中国特色社会主义伟大胜利——在中国共产党第十九次全国代表大会上的报告[M]．北京:人民出版社,2017:23.

水利数字科技馆。

(一)水文化特色校园文化建设

1. 以"上善若水、学竞江河"为校训

"上善若水"语出《老子·道德经》第八章,意为最高境界的善如同水的品性一样,泽被万物而不争名利。此以水之德为喻,表达对今日学子的殷殷期许,当以水之谦逊、海纳百川之胸怀,百折不回的毅力自勉,成才立业。水至柔,然水滴亦可石穿;水至韧,虽无定势却能奔流万里。看似自处低下,却能蒸腾九霄,为云为雨,为虹为霞;看似柔顺无骨,却能滋润万物,利泽苍生。

水的另一特性是"谦",水不嫌低洼与涓涓细流,最终方能汇成江河湖海。"人之性善也,犹水之就下也。人无有不善,水无有不下"(《孟子·告子上》),"满招损,谦受益"(《易经》),君子先天下而后自身,圣贤以此譬喻大道德之行。

学竞江河意为学无止境,如万里江河从源头奔涌而出,一路不断汇聚支流,前后相继,浩浩汤汤,亘古长流不息。重庆水利电力职业技术学院传承历史优势,厚积而薄发,不断开拓与探索具有自身特色的教学育人之路。

2. 水文化特色校徽

为突出行业文化特色,学院采用的校徽(见图 6-1)也别具一格,其主题阐释如下:远古洪荒,水生万物,润泽大地。然而水亦为一种难以控制的力量,曾经给人类带来巨大的灾害。因此,如何驯服江河巨龙,把水害变成水利,是人类孜孜以求的理想。重庆水利电力职业技术学院当然应有这个理想、胸怀与责任。标志的形首先取自三峡大坝喷涌而出的洪流,凸显出水利事业的特征,与学院所属行业相符;其次,标志取古书"水"字,形美而灵动,中间一笔的中国传统书法飞白,强化了水的气势与力量,是一种突破。喻示学院在新时期解放思想,锐意创新的精神。最后,标志与万经之首的《易经》中的乾卦相合,寓意"天行健,君子以自强不息"。突出学院与时俱进、奋勇开拓的精神风貌,强化了标志的文化底蕴,表达出浓厚的历史文化意味。

校徽的色彩采用蓝与橘黄两色,蓝色代表水、天空、深邃,包容、有

内涵，橘黄色代表信念、能量、激情、活力，非常契合重庆水利电力职业技术学院的特点，具有个性化的美感和想象力。

图 6-1　重庆水利电力职业技术学院校徽

3. 学院的水文化研究与校园文化建设

重庆水利电力职业技术学院将水文化纳入课程体系、社会实践、校园文化等组成的教育体系。首先，将水文化纳入课程教育体系，水利专业为必修课程，其他专业为公共选课。其次，依托社会实践平台，通过参观、调查、讨论、研究等方式培育学生的情感体验。最后，建设校园文化综合体系，开办“上善大讲堂”、举办“水工程文化与品位提升途径”等系列讲座活动，培育具有鲜明水文化特征的学校精神和良好的学风、教风、校风。

学院充分发挥文化传承功能，重点突出水文化建设与传播。取得了“五个一”的标志性成果。即“搭建一个平台”：成立了重庆市水文化研究会，广泛开展了水文化研究和建设活动。“建成一展览室”：建设集水文科技展览和水文化宣传、教育、研究、培训等功能于一体的重庆市水文科普展览室，面向社会开展水文化宣传与教育、面向学生开展水文实习与教学。“创办一个刊物”：创办《巴渝水文化》期刊，充分展示巴渝水文化研究的成果，弘扬巴渝水文化，推动了以“水文化和水利精神”为核心的校园文化建设。“开展一系列活动”：在“世界水日”“中国水周”等宣传活动中增加了水文化内容，增进了全社会对水和水利工作的深入了解。“形成一批成果”:积极挖掘重庆市水文化特色资源,研究以三峡库区为主的水利变迁,立项“重庆三峡库区水物质文化遗产保护研究”等水文化研究市级项目十项。

(二)以水文化教育理念进行全面育人

水文化教育理念给予高职院校水文化教育实践重大启示,高职院校水文化教育实践作为一项涉及学校、老师、学生等方方面面的系统工程,需要善于整合利用多方资源,全面把握,深度合作,深入开展,才能切实有效地把握其本质。真正做到应社会所需,与社会接轨,与市场对接,实践与理论相结合,实现社会、学校、老师、学生等“互动多赢”的既定目标。

1.深化引导,构建联动协作机制,树立“水文化”育人理念

从高职院校水文化教育实践维度,要全面提升水文化教育实践实效,应立足于社会、高校、学生的本质发展需求,构建“高职院校水文化教育实践规划”顶层设计。按照国家高等职业教育战略发展规划,不同类别的高职院校应按照自身发展定位,着力构建符合自身发展的特色设计体系。在这一过程中,学校应充分利用资源优势,进行整合优化,不断为水文化教育实践创造良好的发展环境,真正树立“水文化”育人理念。其一,构建“一站式”水文化教育实践服务体系。充分发挥学校的主导作用,不仅要出台有针对性的规划、制度等,同时学校应组建“一站式”水文化教育实践服务机构,协调解决水文化教育实践中的各类实际问题,激发学校、老师、学生在水文化教育实践中的主动性和积极性。其二,全力推进水文化教育实践信息化建设,建立水文化教育实践专业信息网站。积极融入互联网络,实现优质资源共享,促进共同发展。在这一过程中,应组织专业团队对服务信息网站进行设计、管理等,主要包括政策法规、信息共享、经验交流、专家论坛等。其三,建立水文化教育实践全过程监督、指导机制。水文化教育实践服务机构对高职院校水文化教育实践进行全过程的跟踪、监督、指导,全面、系统、深入掌握水文化教育实践的发展现状、存在问题,以及未来趋势,并在此基础上,能够对跟踪监测的数据结果进行深入研究分析,从而发现制约发展的问题,进而制定有效的解决措施,引导高职院校水文化教育实

践走向科学、规范。

2. 强化分层，细化教育实践目标，打造“水文化”培养体系

在水文化教育实践中，学校应充分利用政策、社会、学生等资源，结合学校人才培养实际，深入推进。在培养思想上破除传统“游击式”教育观念，更加突出实效培养。要挖掘影响水文化教育实践的核心要素，能够更好地激发老师的教学意向，激发学生学习与实践的积极性。学校应格外注重对老师、学生进行分层分类施教，有计划、有步骤、有针对性地推进水文化教育实践，着力打造“水文化”培养体系。在推进水文化教育实践过程中，要分清学校、老师、学生之间的关系，立足于学校、老师、学生“三方共赢”的发展目标，最大限度地释放活力。老师应对学生进行分类评价，有针对性地对学生水文化学习与实践效果进行考核，考核结果同时作为学校培养人才目标的重要指标之一。在学校人才培养目标上，要从“以就业为导向”转向“以能力为导向”。建立以能力培养为导向的人才培养目标方案，根据学生发展、市场需求等，进一步细化人才培养计划。紧紧围绕提升学生专业能力、实践能力、通识能力，设置“模块化”水文化课程体系和“平台化”水文化实践体系。

3. 立足发展，注重学生全面提升，创新“水文化”教学模式

总体而言，水文化教育的根本目的在于提升技能人才的综合素质。从学生的角度，同样需要借助水文化教育实践，广泛吸纳与消化水文化优质资源，实现自身的可持续发展。其一，学生应破除传统学习观念。在水文化教育实践中，学生必须摒弃两种传统观念，一是功利性学习，即只注重专业技能，忽视综合素质提升；二是被动式学习，即在学校或老师严格要求下进行学习。这种观念直接导致学生在水文化教育实践中始终处于被动方，或是消极方。学生应立足于长远发展，充分认识到水文化教育实践所带来的巨大红利。其二，立足全面发展，做好远景发展规划。学生可借助水文化教育实践模式，结合自身发展实际，以全面发展为导向，制定个人职业远景发展规划，明确自身发展的方向、目标、任务。这其中，通识能力作为学生发展的动力要素之一，在个人职业远景发展规划中有着极为重要的地位与作用。由此，学生应积极主动对接水文化教育目标，全面参与学习实践，切实把握好决定个人生存发展

的重要因素——通识能力。其三,创新"水文化"教学模式,全面深入推进水文化教育。全面推进学校、老师、学生的深度融合联动,注重从学生全面发展的方向着手,积极鼓励老师运用启发式、互动式、研讨式等实践教学方法,有针对性地提升学生的专业实践操作能力。同时,采取多种教育模式,提升水文化教育实践的实效性。如,"校—师—生"互动模式、"文化沙龙"模式等。或者不拘泥于某种特定方式,创新教育实践方式,从根本上拓展水文化教育空间,实现学生的自由、全面发展。

4. 创新方式,丰富教学活动,夯实水文化知识结构

教学活动是学校教学工作开展的基本形式,通常由一个个相互联系、前后衔接的环节构成,不同阶段的教学活动所具有的功能也是不尽相同的。在水文化教育实践活动中,将具有理论性和系统性的水文化知识传授给学生,形成夯实的水文化知识结构,离不开丰富的教学活动。第一,课堂教学内容不应只局限于水文化本身,而应广泛涉及经济、文化、政治、历史、哲学等知识,这些知识能帮助学生很好地与水利相融合。第二,开设水文化概论、水与水工程文化、中国水利史等与水文化相关的核心课程,帮助学生形成水文化知识的基本知识框架,形成"节水、爱水、护水"理念,为今后继续学习水文化知识打下良好的基础。第三,定期开展水文化专家、名人专题报告及学术沙龙、大讲堂等形式多样的活动,活动内容可涉及"水文化发展史""水与人类文明的关系、形成与发展历程""水文化与艺术的关系""水文化与地域文化之联系""水文化与文学""生产方式对水文化的影响""水与水工程文化"等,其最主要的目的是帮助学生了解中国水文化传统精神和发展历史,了解当前水资源面临的严峻形势,树立正确的"护水、爱水、节水"意识,激发对水资源的热爱,形成正确的水文化观念。第四,充分利用现有网络资源、手段,传播水文化。随着人们物质生活水平的提高,生活方式发生了较大改变,出现了种种浪费水、污染水的现象,可以通过网络、电视媒体宣传水文化,让大众认识到水的重要性,将"节约用水"从口号变为现实。

5. 开拓思路，重视社会实践，培养学生水文化观念

“实践是检验真理的唯一标准”，通过社会实践引导学生走出校门，向社会学习，向大自然学习，将实践经验和理论知识充分结合，更加深入了解水文化的奥妙所在。通常可以采取以下三种方式帮助学生参加社会实践：一是充分利用水利类院校建设的水文化教育实践教学基地开展水文化实践教学，通过参观了解水利工程设施设备、水利水电建筑与施工过程模型、水利景观、水土保持基地，帮助学生加深对水工程建设难度、复杂性的理解。二是走访基层水利单位、水利水电建设与施工企业，通过参加调研、考察等多种形式使学生了解当前我国水资源现状、水资源治理取得的成果和仍然存在的困难，能够让学生深刻领悟到水利事业的重大责任，认识到每个公民都应该有保护水资源的责任和义务。三是深入农村，走访水利名人和水利名事，走访乡村水利工程，深入了解当前我国农村水利现状和存在的突出问题，思考解决水资源治理的路径和方法，使兴水利、治水患的文化意识和人文情怀自觉转化为个人行动。

二、中小学水文化教育实践

巴渝水文化教育体系的构建除高等院校的引领示范外，也离不开中小学教育的培基固本。实践证明，中小学生由于其人格尚处于发展阶段，进行水文化育人理念的实践更能起到立竿见影的效果。可喜的是，巴渝地区很多中小学已经在水文化教育实践上进行了相关的探索，有的已经取得了较好成效，江津区圣泉学校是其代表。

圣泉学校的前身为圣泉寺小学。圣泉寺为著名的江津八景之一（“文化大革命”时期被毁），因寺内有一景为“龙吐水”而得名。学校致力于善水文化研究与实践，通过发掘水的善良、齐心、坚韧、博大、灵活、透明、平等七大品质，将其应用于教育教学实践，以善水文化为核心打造个体与周边环境、师生之间和谐发展的育人环境。通过“上善若水，海纳百川，润物无声，水滴石穿”的一训三风，举办“水利风采”书法绘画比赛、水文化经典朗诵、八段锦体操推广等活动营造善水校园文化。另外，学校致力于水文化校本课程建设，组织教师编写了水文化校

本教材，将水情教育传统文化、地域文化熔于一炉，深受学生欢迎。善水文化教育理念的应用使全校师生每天都沐浴在“水文化”的环境中，滋润着水的品性，践行着水的美德，促进了学生优秀品质的形成，提高了教育教学质量。该校的特色育人理念与实践取得了良好的社会反响，被江津区水务局授予“水文化特色学校”。圣泉学校水文化墙见图6-2。

图6-2 圣泉学校水文化墙

第七章　新时代水文化建设与发展的新方位及其趋势

十九大报告中，习近平总书记明确指出，“经过长期努力，中国特色社会主义进入了新时代，这是我国发展新的历史方位。”❶。新时代的中国，必将面临错综复杂的发展形势和严峻的历史挑战，困难重重。那么，新时代的文化建设如何提升，对水文化发展又提出了哪些新的要求？这一系列时代问题成为新时代水文化研究与发展的重大课题。

第一节　把握新时代水文化发展的新方位

十八大以来，党和国家面对国内外一系列的政治、经济、环境等复杂形势，在中国特色社会主义发展战略构建的挖掘、探索等方面都做了许多工作，成效明显，成绩斐然。在党和国家的战略部署下，以国家水利部为主导，水利行业开展了一系列富有成效的规划举措，所有这些措施极大地推动了水文化的快速发展。在新时代，面对新形势、新要求，必须坚定文化自信，持续增强文化自觉，准确把握水文化发展的新方位。

一、对新时代水文化形势进行重新审视与研判

十八大以来，在中国共产党的领导下，所取得的成就是全方位的、开创性的，所开创的变革是深层次的、根本性的。在连续稳定解决了十几亿人的温饱问题后，在全面建成小康社会的实践奋斗中，我们取得了

❶　习近平．决胜全面建成小康社会　夺取新时代中国特色社会主义伟大胜利——在中国共产党第十九次全国代表大会上的报告[M]．北京：人民出版社，2018：10.

历史性的胜利❶。这一时期的中国，已然不是仅仅为吃饱穿暖而苦苦奔波。随着社会的不断发展，新时代的中国社会主要矛盾已经转化为人民日益增长的美好生活需要和不平衡不充分发展之间的矛盾。人们不再是满足于吃穿住行等物质生活，而是对精神文化生活提出了更高的要求。人们的生活品味、标准等已然发生了深刻的变化。以习近平总书记为核心的党中央对新时代的中国所面临的国内外形势、问题、机遇、挑战等方面的分析与研判是十分精准的。需要对新时代水文化发展形势进行深入的研判，准确把握水文化发展的新方位，精准规划战略总方向，更加全面地推进新时代水文化的建设与发展。一方面，从机遇的角度而言，水文化建设迎来历史性机遇。早在2011年，水利部发布的《水文化建设规划纲要(2011—2020年)》，其中明确提出“在当代中国进入全面建设小康社会的关键时期和深化改革开放、加快转变经济发展方式的攻坚时期，在中共中央、国务院做出加快水利改革发展决定的开局之年，在我国全面推动社会主义文化大发展大繁荣的热潮中，水文化建设不仅迎来了难得的发展机遇，而且对推动水利又好又快发展会日益显示其越来越重要的支撑作用。”这精准地分析了水文化建设与发展所面临的重大机遇。另一方面，从挑战的角度而言，在新时代背景下，水文化建设与发展必然面临着诸多严峻的问题与挑战。根据水利部出台的《水文化建设规划纲要(2011—2020年)》❷显示，“水文化研究与解决中国现实水问题结合不够紧密；水文化的传播还不够广泛深入；水文化建设的成果尚不能满足人民群众多元化、多样化、多层次的需求，水文化人才队伍建设亟待进一步加强。”总而言之，水文化建设集中体现在产业发展质量和效益、创新能力、文化保护与传承、区域深度文化合作等方面矛盾与问题交织叠加，情况复杂，形势多变。

❶ 韩振峰．习近平新时代中国特色社会主义思想是马克思主义中国化的最新成果[J]．前线，2017(12)．

❷ 水利部．水文化建设规划纲要(2011—2020年)(2011年11月18日)．

二、对新时代水文化发展理念进行重新梳理与整合

面对当前经济发展的新变化、新矛盾、新机遇、新挑战，谋划新时代水文化发展，需要用新的思想引领发展。思想理念作为行动实践的先导，全面把握着水文化发展实践的总体方向、路径。发展理念的科学确定，以对水文化未来发展思路、发展着力点、发展举措等起到谋篇布局的指导性作用。国家水利部、各省市出台的规划纲要，以及水利部每年的水利精神文明与水文化建设工作要点，都将创新、协调、绿色、开放、共享的发展理念提到指导思想的高度，要深刻领会与准确把握创新、协调、绿色、开放、共享的新发展理念。新时代要把新发展理念贯穿于重庆文化产业发展的全过程中。一是坚持水文化创新发展。从水文化的内涵价值、体制机制、渠道开拓、载体打造等多个方面进行创新发展。二是坚持水文化协调发展。统筹推进水文化协调发展，突出水文化内外资源整合、区域协同合作等。三是坚持水文化绿色发展。狠抓水文化产业质量与效益，净化文化发展环境，推动文化绿色、健康、可持续发展。四是坚持水文化开放发展。推动各地水文化走出地域的藩篱，让水文化释放出特色文化内涵。五是坚持水文化共享发展。要明确以人为中心的发展思想，坚持共建共享，让广大人民群众共享水利改革发展成果。从本质而言，体现人民至上，坚持人民主体地位，也充分说明了党和国家坚持和践行全心全意为人民服务的根本宗旨，始终保持和人民群众的血肉联系。新时代发展理念是对文化建设发展经验的科学总结，反映出新时代水文化发展规律的科学认识。水文化在发展中坚持贯彻落实发展新理念，能够为水文化转型升级形成最广泛的改革实践的共识，凝聚最强大的智慧与力量，从而全面推动水文化蓬勃发展。一方面，要把践行新发展、新理念作为新时代水文化发展的出发点，全面深入认识新时代文化建设的发展要求，一切从实际出发，走出一条既符合新时代要求，又符合本地域人民根本利益的水文化发展之路；另一方面，要把践行新发展、新理念作为新时代水文化发展事业的着力点。要以新发展理念为根本指引，全方位做好总体布局、战略谋划、措施制定等。

三、对新时代水文化发展战略进行重新定位与部署

发展是解决新时代中国一切问题的基础和关键，发展必须是科学发展。由此，要顺应大趋势，把科学发展作为推进新时代水文化发展的根本之策。以习近平总书记为核心的党中央对新时代发展战略进行了深刻反思，并重新定位与部署。提出了实现中华民族伟大复兴的战略支撑，构筑了“四个全面”战略布局，坚持互利共赢的开放战略，实施科教兴国、人才强国、健康中国、创新驱动发展、乡村振兴、区域协调发展、可持续发展、军民融合发展等一系列战略。在新时代系列战略部署下，水文化发展必须重新定位与部署发展战略。

第二节　新时代水文化发展的新特点

一、“互联网+”模式的持续升级

“互联网+”全面快速发展，给人们的学习、生活带来巨大的变革。毫不例外，“互联网+”正在极大地改变着人们的文化需求模式。文化需求不再只是读书、阅报、参观等行为，以计算机为代表的现代智能技术为人们的文化需求提供了强有力的支撑。“互联网+”文化的新模式，彻底颠覆了传统文化产业的方式。现代互联网络技术从内容、形式、手段等多个方面影响了文化产业的生成和发展。从本质上讲，现代信息技术实际上发展了生产力，为文化的发展、新兴文化业态的产生及发展创造了更多的机遇和生成条件。现代化传播技术影响了文化的传播方式，影像、视频的留存、传播技术，突破了传统地域文化产品传播的时空限制，让人们足不出户便可以对世界各地、各民族的文化进行深入了解。而网络、电视、报纸等各类媒体不断突破时空的局限，充分运用文字、音频、视频、图片等多种形式，借助各类载体，记录和传播文化的各种形态和状态，可以为文化的永久传承提供基础，为文化的广泛传播提供可能。新媒体深深地影响着现代人的文化认知、消费和审美。在时空范围有限的情况下，依靠现代科技的进步，尤其是全息投影、VR

等新兴技术的发展和逐步成熟,让人们足不出户就有身临其境的感受,为各民族向外展示更多优秀文化提供了可能。

二、文化消费方式趋向移动化、个性化

随着移动网络技术的日益发展,互联网走向移动化。与此同时,信息与知识传播全面进入了移动化时代。从阅读这一文化需求来看,据2016年中国城市阅读指数研究报告数据显示,手机阅读占比38.7%,纸质媒介则占27.3%,电脑仅占17.2%。现如今,移动终端在手,无所谓在何时何地,即时联网,获取阅读材料,可随时进入阅读状态。其表现为:一是主体极为自由。在此情况下,任何人都可以利用上下班途中、乘车、等人、睡觉前等零碎时间来阅读。在这一过程中,阅读主体处于极为自由的状态,不需要固定的场所,无须专门安排时间。是个性化的阅读?还是海量咨询浏览?在家,在地铁上?一切的时间、内容、方式等,他可以随意选择。二是载体较为单一。移动化+阅读,关键是以移动设备为载体,如平板电脑、智能手机、MP4、Kindle等。三是平台的社交化。随着移动用户人群越来越多,以微博、朋友圈等为代表的社交化、分享式的阅读新模式受到了广大网民的热捧。据相关数据显示,通过社交平台分享阅读的受访者接近八成[1]。其根本原因在于,移动终端为社会化阅读平台提供载体,加之该方式参与性、互动性极强,内容更为丰富多彩,容易被大众所接受。

三、文化需求日益凸显休闲化、娱乐化

现代社会的需求结构早已告别"温饱型"的时代,城乡居民对精神文化生活的需求越来越高,对物质生活品质的要求越来越高。与此同时,人们在获取文化需求时,日益注重文化的休闲娱乐功能,文化传统的育人功能在发展中呈现出弱化的趋向。相比起传统的文化产业,新兴文化产业的发展非常迅速,文化形态也日渐多样,以旅游、休闲、度假等为主的参与性、体验性消费方式逐步进入城乡居民家庭。未来,人民

---

[1] 亚马逊中国发布的"2017年全面阅读报告".

收入水平将达到中等偏上收入国家水平，这种注重品质的生活方式将会走向大众化、普及化，将重构城乡居民的生活、文化消费方式。即便是以往以阅读获取精神文化素养的阅读方式也渐渐呈现出新的时代特点，随着移动终端的广泛应用，“浅阅读”取代“深阅读”趋势明显。据2016年中国城市阅读指数研究报告数据显示，微博阅读话题TOP100总阅读量达到207.6亿人次，话题前10的总阅读量则达119.6亿，人数突破2亿人次。事实上，在转发量TOP30的阅读类微博中，阅读主体互动的方式以点赞为主，近70%，而转发与评论数量则为30%。这充分说明，所谓的粉丝关注，更多的是蜻蜓点水式的阅读，并非深度互动。从另一个角度而言，多数的阅读主体在阅读过程中，采取跳跃式的阅读，不求甚解。此外，近年来，观光、旅游等文化消费中，兴起了以“打卡”“签到”等为目的的体验模式。比如，参观某一水生态园区、水利景观工程，部分人群则拍照、留念、发动态，至于生态园区、水利景观工程中所承载的文化内涵、精髓等，人们对其并不了解及深究。

第三节　新时代水文化产业发展的新方略

推进新时代水文化发展需要用先进的战略系统来引导。在新时代中国特色社会主义思想这一伟大的科学理论体系中，对新时代国家文化软实力提升进行了深入而全面的优化重构。必须实施新时代水文化发展新方略，深入谋划新时代水文化建设与发展的整体战略，并在重构中优化发展思路与路径。需要指出的是，新的发展方略并非是推倒重建，而是在继承与发扬马克思主义科学理论与实践精神实质的基础上，进行不断创新和不断完善。

一、对新时代水文化发展战略目标系统的重构

2011年11月，水利部印发了《水文化建设规划纲要（2011—2020年）》，其中明确提出发展目标，即“按照社会主义核心价值体系建设的根本要求，力争通过5年至10年的努力，切实提高全社会的水生态文明建设水平和水文化的高度自觉和自信，引导社会建立人水和谐的生

产生活方式，为建设资源节约型和环境友好型社会贡献力量；切实提高水利职工队伍的思想道德和科学文化素质，促进人的全面发展；切实提高水利工作的文化品位，满足人民日益提高的物质文化需要；加快发展水文化事业和水文化产业，提高水利事业的综合文化实力；切实开展丰富多彩的群众性文化活动，形成更加昂扬向上的精神风貌；努力构建充满活力、富有效率、更加开放、有利于水文化发展的体制机制；努力构建符合社会主义先进文化前进方向、具有鲜明时代特征和行业特色的水文化体系。为把我国建设成为社会主义文化强国作出应有贡献。”[1]从规划纲要中的发展目标设定来看，新时代的水文化建设与发展突出了宏观目标与具体目标的有机结合，实现发展的具体化、规则化、操作化。一方面，从宏观目标而言，通过 5 年至 10 年的努力，切实提高全社会的水生态文明建设水平和水文化的高度自觉和自信。另一方面，从具体目标而言，分类制定具体主要指标。主要从提高水利职工队伍水平、水文化产业发展、完善体制机制、水文化体系建设等方面，设置了水文化传播等 11 项重点任务，以及 47 个具体指标。47 个指标体现了目标的具体化，如计划在全国培训 1 000 名水文化骨干，重点培育《中国水利报》、《中国水利》杂志、《中国水文化》杂志、《中国水文化网》、《水利文明网》等宣传阵地。事实表明，目标的设定既不能过高，也不能偏低，相对科学合理，且具有很大的可操作性。

二、对新时代水文化发展战略动力系统的整合

水文化发展是不断向高级发展的动态历史过程，而推动水文化发展不是某一孤立的力量，而是经全党全面深入探索、研究、实践最终综合而成的动力系统。其中，最为重要的就是抓住创新这个根本。创新是促进水文化转型升级的动力，更是推进水文化大繁荣大发展的源泉。第一，思维创新是前提。从逻辑层面而言，思维是实践的先导。由此，创新的基本前提是思维创新。在创新驱动水文化转型升级的进程中，水文化产业是否能够实现规模化、集约化，前提条件在思维创新。只有

---

[1] 水利部. 水文化建设规划纲要(2011—2020 年)(2011 年 11 月 18 日).

不断创新思维方式，树立科学的思维方法，才能进一步将创新切实作为推进水文化产业集群升级的驱动力。第二，管理创新是关键。创新驱动水文化转型升级是一项复杂的系统工程，包括理念、方式、技术、制度等诸多方面的创新，其中管理创新是关键因素。管理理念、方式等直接影响决策与行为，因此管理创新是水文化转型升级的内在基础，其地位十分关键。第三，技术创新是核心。无论从文化层面上讲，还是从经济层面上讲，水文化产业最为核心的竞争在于产品，而水文化产品最为有力的支撑在于技术。所以，在创新驱动水文化产业集群升级的进程中，毫无疑问的，技术创新是最本质的，也是最核心的。而思维、管理、制度等创新实际上是一种基础，是一种保障，最终是为技术创新作支撑与服务的。第四，制度创新是保障。推进制度创新，形成水文化转型升级的制度体系是推进水文化建设与发展的重要保障。因此，要紧紧围绕制度创新这个根本保障，并着力加强对制度的贯彻落实，才能确保各项工作、措施落到实处。

三、对新时代水文化发展战略保障系统的强化

全面推进新时代水文化发展战略的实施，必定需要一个强有力的保障系统。一方面，要抓好根本保障。其一，中国共产党的领导是最根本的保证。坚持中国共产党的领导，是推进新时代水文化建设与发展的最本质的特征，也是最大的优势。把党的领导贯彻到新时代水文化发展实践全过程、各方面和各层次，是完成新时代水文化建设与发展目标的根本保障。其二，新时代特色社会主义思想是水文化发展的指导思想。当前，我国的发展面临诸多矛盾相互叠加的内外现实挑战，但这一阶段仍处于重要战略机遇期，按照习近平总书记绘制的新时代中国特色社会主义发展总体蓝图，深刻领会精神实质，精准把握新时代水文化发展的新趋向，更加有效地破解各种新的难题与困境，继续集中力量办好事、办大事。其三，新时代中国特色社会主义思想是新时代水文化发展的科学指南。系统化的方法论体系是水文化建设与发展的重要保障。做好新时代水文化发展实践的顶层设计、保障措施等，就需要深刻领会新时代中国特色社会主义顶层设计的丰富内涵和核心要义，紧紧

围绕时代发展主题,抓好总体方案设计。作为指导党和国家事业发展的新思想,新时代中国特色社会主义思想蕴含着系统丰富的方法论,深刻领会这些方法,无论从理论上,还是从实践上,都有着重要的现实意义。另一方面,要抓好制度性保障。根据文化发展十三五规划、水文化发展纲要,要在文化体制改革、依法行政、文化经济政策、人才工程、行业治理、规划实施等多个方面构建水文化发展的保障体系。

第四节　新时代水文化高质量发展的对策建议

当前,社会经济发展已迈进新的历史阶段,为水文化建设营造了良好的外在经济环境。近期,国家高度重视文化建设,积极倡导遵循文化市场经济规律,抢抓大数据智能化创新发展机遇,持续增强宣传力度,讲好文化故事。促使水文化建设迎来了一个重要的历史机遇期。现如今,文化与经济融合的趋势日益明显,为水文化发展提供了广阔的舞台;人民群众生活质量水平日益提高,为水文化产业发展提供了巨大的消费群体;文化体制改革的纵深推进,为水文化产业集聚发展提供了强大的原动力。因此,水文化发展如何达到新水平,如何实现新突破,如何实现新跨越,日益成为新时代经济发展面临的历史使命,更是水文化研究者们面临的重大课题。

下一步,水文化发展的关键在于以把水文化产业打造成重要性产业为总目标,坚持因地制宜、政府指导、统筹协调的总体思路,结合新时代的水文化发展趋势,针对水文化发展的重点领域进行政策探讨和设计,全面推进水文化科学、健康、可持续发展。具体建议如下。

一、战略层面:科学规划,统筹发展

(一)坚持原则,全面推进

全面推进水文化统筹发展必须坚持“五个原则”。实施重庆市文化产业集聚发展战略是重庆市实现文化产业统筹协调发展的战略举措和科学路径。为更加全面推进文化产业统筹发展,应坚持“五个原则”。一是战略目标一体化原则。在这里,必须要将水文化建设发展

纳入统一的战略规划上来。换言之,水文化发展的一个基本前提,就是全面打破相对分割、分离、分立的现状,以水文化建设规划纲要为总抓手,从总体发展方向、具体目标上进行统筹部署与安排,同时,实施全过程的跟踪与监督。二是规划布局科学化原则。要结合水文化特色进行科学合理的规划与布局,一方面,要与国家"一带一路"战略进行全面的对接;另一方面,要切实地抓住习总书记对生态文明建设的战略定位。要特别注重水文化的区域特色,从顶层设计上确保水文化建设与发展的科学化与系统化。三是整体协调化原则。要打破彼此隔离发展的状态,水文化产业及其相关产业要形成一体化的发展格局,不应各自为政,各自吆喝,要相得益彰。不仅如此,各地方水文化建设同样要纳入整体协调发展的布局中来,要全方位地统筹,全面实现整体均衡协调发展。四是发展差异化原则。每个地区政府及水利相关行政主管部门,必须按照本区域的特色与优势开展水文化产业发展规划,坚持实施"差异化发展"的思路,不模仿,不跟风,要走出具体区域特色的文化产业发展的新路子。五是坚持"管办分离"原则。就政府层面,依据各自的职责权限,辩证地看待"管办分离"。政府的"管"不能是从单一行政层面的"管",一方面要从法规上管,另一方面要从经济上管。与此同时,由政府牵头负责"办"的一部分水文化事业,要打破传统文化事业建设思维,政府从传统包办转向主动承办。这其中,政府必须要对水文化产业的发展在政策等方面给予大力的支持,同时整合智力资源,对水文化产业集聚发展进行专业化的指导。同时,政府要发挥牵线搭桥的作用。要为水文化企业开拓国内外两个市场,以及利用好国内外两种资源搭建平台。

(二)健全水文化产业政策体系,加大政策引导力

当前,水文化产业发展进入了新的时代。这一时期,政策的引导与扶持对于水文化产业的跨越式发展有着十分重要的现实意义。一是水文化产业园区建设政策。政府要进一步加大政策倾斜与扶持的力度,要集中力量,全力打造一批具有示范性的重点水文化产业园区(基地)。二是重点领域的政策扶持。文化高质量发展,关键在于现代化的水文化产业体系的构建。要尽快出台水文化产业各类企业高质量发展的指导性意见或建议，引导各类水文化相关企业优质发展。特别是在重点水文化领域，要给予政策的倾斜。三是扶持地区、民族特色水文化产业发展的政策。在研究、制定或修订有关水文化事业和水文化产业政策法规时，要针对那些独具地方特色的水文化产业，如成都江安河畔的“水韵天府”都市休闲旅游街区等，给予重点扶持，或者增加扶持专款。对具有地方特色的水文化产业要支持与鼓励，积极引导并吸引民间资本投入。四是促进水文化产业人才引进培养和利用政策。目前，我国缺乏大量的水文化产业创意、经营等专业类人才，而水文化水准高、运营能力强的复合型高级人才更是缺乏，亟须进一步深化人才管理体制改革，优化人才成长和发展，从引进、培养、选拔、激励等方面构筑人才政策高地。五是促进水文化产业的研究相关政策。依托产学研，全面加强水文化产业发展的理论与实践研究，要推出一批水文化产业的市级重点理论科研项目，支持专家、学者深入开展水文化产学研发展研究，重点研究分析当前我国水文化发展面临的现实问题，以及具体的解决方案。

（三）深化文化体制改革

要牢牢把握重大历史发展机遇，进一步解放思想、凝心聚力，不断把水文化体制改革引向深入。一是构建“水文化板块”。进一步加快水文化投资经营集团建设步伐，全力打造一批规模大、技术新、竞争力强，并具有极强的市场适应力、引导力的水文化相关的龙头企业，重点培育一批国有水文化相关的企业改制上市，逐步构建“水文化板块”。二是稳步推进改革，加快水文化产业发展。逐步完成水文化企事业单位的改革目标，全面提升水文化产业对 GDP 的实际贡献值。三是深化文化机构的职能改革。2018 年，按照国家政府机构改革方案，组建生态环境部；优化水利部职责，不再保留国务院三峡工程建设委员会及其办公室、国务院南水北调工程建设委员会及其办公室。下一步，新的职能部门还将进一步研究职能深化改革，全力构建更加精简高效的文化产业政务生态。

二、建设层面：优化结构，完善机制

（一）以组织建设为依托，提升素质，优化结构

效能建设是产业转型发展的重要举措，是实现水文化产业发展目标全面完成的科学路径。为更加全面推进转型发展和项目建设目标实现，应着力加强各类水文化相关企业的效能建设。最为关键的是，要以产业组织建设为依托，优化结构，科学管理，全面推进水文化产业的整体效能。一是整合行业协会资源，形成合力。目前，我国几乎各省市均有相应的行业协会，如重庆市水文化研究会、湖湘水文化研究会等，以及相关产业的行业协会等，要充分发挥各行业协会的平台作用，促进水文化相关企业的抱团式发展。尤为重要的是，各行业协会要经常性地通过项目洽谈、文化沙龙等多样化的活动，助推各类水文化相关企业的相互交流与分享。二是构建精准帮扶机制。各行业协会每年制订帮扶计划，做到帮扶企业发展、技术指导培训、市场宣传推广等各个方面精准到具体的企业。三是建立合作带动制。要鼓励和支持龙头水文化相关企业带动贫困户增收。各行业协会鼓励龙头水文化相关企业采用设立项目的方式，支持与帮扶中小微水文化相关企业的发展。

（二）以制度建设为保障，完善机制，强化监督

加强制度建设，坚持抓好水文化发展建设的主要节点、重要环节。通过加强水文化发展的各种制度建设，促使科学化建设发展理念深入人心，逐步构建科学化建设发展体系。一是完善水文化管理工作体系，对水文化建设的总体规划、项目支持、市场培育等各个领域的统筹管控。我国水文化发展存在总体质量不高的问题，原因是多方面的，既有管理不到位的原因，更有深层思想认知等方面的原因。突出表现为不少地方政府、企业组织的创新意识不强，精品意识淡薄。要不断促进水文化建设的结构与战略转型，行业协会要牵头做好水文化产业发展与管理的标准化工作流程建设，完善专项监督指导机制。二是完善水文化建设与发展预警体系，提升抗风险能力。加大水文化主体的投入力度，持续增强各类水文化资源的抗风险能力。三是依托各自优势，构建水文化建设与发展保障共同体。依托各地方政府，以及行业协会立足

于文化资源、政策等优势，持续增强水文化建设与发展保障服务体系。尤其要加大对水文化建设与发展的技术、资金、政策等方面的支持力度，逐步推进水文化建设与发展保障共同体建设，以适应文化转型发展新趋势。

（三）“请进来”与“走出去”相结合

相比较而言，西方发达国家在文化产业集聚发展方面拥有着先进的理念与技术。实施“走出去”战略对推动水文化建设与发展有着极其重要的作用。一方面，引导我国各类水文化相关企业借鉴国内外文化产业集聚发展过程中的先进模式；另一方面，拓展水文化建设与发展的理念空间。它既可以补充我国水文化建设与发展所需要的资源，又可以带动龙头水文化相关企业、重点水文化项目走向世界。同时，还可以增强水文化建设与发展的活力，从而实现水文化的良性发展。与此同时，还需要实施“引进来”，通过引进创意人才、先进理念、科学技术等，进而推动水文化高质量建设与发展。这其中，政府主管部门主导，行业、协会全力履职尽责，提前部署、靠前服务，及早研判水文化“走出去”过程中可能存在的问题并做好应对举措，为水文化“走出去”提供行动上的保障。

三、管理层面：结合实际，高效联动

（一）高效联动，加强整体化协作，契合发展新趋势

坚持把高效联动作为加快推进水文化建设与发展的强大动力。坚定推进各区县政策、管理、建设等方面的改革，加快构建有利于各地区水文化科学、高效发展的体制机制，全力应对经济转型发展的新挑战，狠抓经济转型发展新机遇。一是强化整体协调发展。水文化建设与发展依赖于某一区域内部管理，必须进一步强化统筹督办，建立多层次衔接、上下联动的协调机制，准确把握要求，提高发展的精准度。二是全面掌握各类信息与资源，加强对外协调的能力建设，处理和协调好内在职责与外部权限的关系。三是建立市场主体高效联动机制。推进水文化与旅游、互联网等各类产业的深度融合，延伸产业链条，为水文化建设与发展构建长效发展机制，形成“统筹谋划、部门联动、责任明确、运行高效”的整体化协作新机制，促进水文化建设与发展更加高效，更加精准，为水文化建设与发展注入新的活力和生机。

（二）重视人才，做好多元化定位，把握发展新引擎

坚持把人才驱动作为水文化发展的重要支撑。充分发挥人才第一资源作用，把人才作为水文化建设与发展最为依靠的力量。契合水文化多元化发展战略实际，不断壮大专业人才队伍，持续改善水文化，以及相关产业领域各类人才的总体性结构，优化人才层次。一是持续加强高层次、高水平人才队伍的培育建设。要根据水文化建设与发展的战略需要制定人才规划，从内部培育与外部引进两方面分别推进，特别是在行业领军人才上要下大力气，全面提高水文化领域高层次人才的数量与质量。需要指出的是，要同步加强与水文化产业相关的产业领域的高层次人才队伍建设，如旅游、信息技术等。二是分类分层建设水文化人才数据库。按照水文化行业分类，对各类别、各层次的专业人才进行收集入库，特别是水文化领域的技术、投资、策划、管理等类型的实战型人才，形成合理的人才梯队与结构。三是加强人才管理。从人才资源各个板块完善管理制度体系，注重水文化领域领军人才、青年骨干人才的激励制度建设，最大限度地调动人才的积极性和创造性，提高水文化建设与发展的效能。引导水文化建设与发展由资本驱动向创新驱动、人才驱动转变，加快建设多元化发展型水文化产业。

参 考 文 献

[1]陈雷. 加强水利系统精神文明建设——为水利发展与改革提供强大精神支撑[J]. 中国水利,2007(23):11-14.

[2]程得中. 浅谈水文化与高职院校人文通识教育[J]. 中国职工教育,2014(6):113-114.

[3]楚行军. 水利行业高校特色外国语学院建设研究[J]. 安徽电气工程职业技术学院学报,2016(2):113-116.

[4]楚行军. 英语专业本科生《水文化概论》课程建设研究[J]. 广东水利电力职业技术学院学报,2015(2):67-71.

[5]方守湖. 水文化特色在校园文化建设中的应用[J]. 浙江水利水电专科学校学报,2005(12):24-25.

[6]方翔咏. 水文化教育在教育工作中的思考与实践——以福建水利电力职业技术学院为例[J]. 大学教育,2013(17):22-24.

[7]王燕,侯新. 意识唤醒与高度自觉——新时代节水文化教育的困境及出路[J]. 广东水利水电,2020(3):97-101.

[8]和平. 黄河水院杨道富教授作校园水文化内涵解读讲座[J]. 黄河水利职业技术学院学报,2014(1):82.

[9]黄权生,黄柏权. 关于地方院校加强"水文化"教学和科研的思考——以三峡大学校园文化建设为例[J]. 三峡论坛,2013(3):1-6.

[10]贾兵强. 基于文献计量方法的我国水文化研究态势分析[J]. 中州学刊,2017(10):90-92.

[11]金邵兵,张炎. 水利院校要重视水文化教育与研究[J]. 安徽水利水电职业技术学院学报,2007(2):90-93.

[12]金鑫,毕红芳. 高校水文化建设路径探析[J]. 南昌工程学院学报,2009(5):37-40.

[13]李昌凡. 开展水文化研究　加强水文化建设[J]. 江苏水利,2005(8):4-7.

[14]李昌彦. 南昌工程学院水文化宣传活动的改进对策研究——基于问卷与 SEM 分析[J]. 南昌工程学院学报,2017(5):22-28.

[15]李宗新. 建设水文化　弘扬水精神　构建水文化核心价值体系[J]. 水利发展研究,2008(2):77-81.

[16]李宗新. 浅议中国水文化的主要特性[J]. 华北水利水电学院学报(社科版),2005(1):111-112.

[17]李宗新. 试论水文化之魂——水精神[J]. 水利发展研究,2000(3):79-84.

[18]李宗新. 试论治水新思路与中国水文化的创新[J]. 华北水利水电学院学报(社科版),2005(4):107-109.

[19]李宗新. 水文化研究的现状和展望[C]//章树安. 环境变化与水安全. 北京:中国水利水电出版社,2008:919-925.

[20]李宗新. 应该开展对水文化的研究[J]. 治淮,1989(4):37.

[21]李宗新. 再探中华水文化[J]. 海河水利,2002(2):53-55.

[22]刘欣."引水润德,以水育德"——水文化思想渗入高职德育工作实践探究[J]. 广东水利电力职业技术学院学报,2017(2):51-54.

[23]刘哈. 水利院校全面实施水文化教育初探[J]. 华北水利水电学院学报(社科版),2010(6):3-5.

[24]孟亚明,丁开宁. 浅谈水文化内涵研究方法和意义[J]. 江南大学学报,2008(8):63-65.

[25]穆志刚. 我国水文化教育综述[J]. 长江工程职业技术学院学报,2020(1):15-21.

[26]潘杰. 以水为师——中国水文化的哲学启蒙[J]. 中国水利,2006(4):49-52.

[27]钱坤南. 打造灵动的水文化教育特色[J]. 新教育,2004(19):57-58.

[28]饶明奇.《中国水文化概论》课程建设的若干思考[J]. 华北水利水电学院学报(社科版),2010(6):1-3.

[29]孙佩锋,尉天骄. 从中外比较视角看当前中国水文化建设存在的问题与对策[J]. 华北水利水电学院学报(社科版),2000(2):13-16.

[30]王伟英. 论水文化建设的路径与措施[J]. 浙江水利水电专科学校学报,2009(9):62-65.

[31]温雪秋. 将水文化教育融入水利高职院校校园文化建设的思考[J]. 广东水利电力职业技术学院学报,2016(3):62-65.

[32]吴明洋. 高职水工类专业水文化教育的探索与实践[J]. 读与写(教育教学刊),2012(12):18-20.

[33]吴怡璇. 开展水文化教育的思考与实践[J]. 华北水利水电大学学报(社会科学版),2016(3):33-36.

[34]吴宗越. 漫谈水文化内涵[J]. 中国水利,2016(11):60-64.
[35]肖冬华. 人水和谐——中国古代水文化思想研究[J]. 学术论坛,2003(1):1-5.
[36]徐高欢,陈雯兰,朱程. 论人水和谐校园文化对学生人文修养的关联——基于浙江水利水电专科学校水文化教育的思考[J]. 浙江水利水电专科学校学报,2012(4):6-8.
[37]许晓云. 水利院校图书馆水文化特色数据库建设探讨[J]. 南昌工程学院学报,2017(5):104-108.
[38]杨铖. 刍议水利院校构建系统水文化教育体系[J]. 黑龙江科技信息,2010(19):168.
[39]于滨. 论水利院校特色水文化教育体系的构建[J]. 华北水利水电学院学报(社科版),2012(5):31-32.
[40]袁志明. 水文化的理论探讨[J]. 水利发展研究,2005(5):59-61.
[41]詹杏芳. 水利院校实施水文化教育的内容研究[J]. 长江工程职业技术学院学报,2017(3):1-4.
[42]张翠英,龚元喜.《浙江特色水教育》课程的实践与探索[J]. 浙江水利水电学院学报,2014(3):86-89.
[43]张建平. 论水利院校学生水文化素质的培育[J]. 新课程研究,2000(2):33-36.
[44]张金亮. 构建水利院校水文化教育体系研究——以广东水利电力职业技术学院为例[J]. 广东水利电力职业技术学院学报,2013,11(2):61-65.
[45]张祝平. 浙江精神与高校校园精神的培育[J]. 大学:研究与评价,2009(21):62-68.
[46]赵爱国. 水文化涵义及体系结构探析[J]. 中国三峡建设,2008(4):10-17.
[47]郑大俊,刘兴平,孔祥冬. 水文化:现代水利高等教育的重要内容[J]. 河海大学学报(哲学社会科学版),2010,12(1):30-32.
[48]郑大俊,王如高,盛跃明. 传承、发展和弘扬水文化的若干思考[J]. 水利发展研究,2009(8):39-44.
[49]郑大俊,张添烨,庄道永. 人水和谐:水文化教育的时代价值[J]. 河海大学学报(哲学社会科学版),2011(3):13-19.
[50]郑大俊. 水文化研究与水文化教育须双轮驱动[J]. 河海大学学报(哲学社会科学版),2007(4):1-4.
[51]郑晓云. 国际视野中的水文化[J]. 中国水利,2009(22):28-30.

[52]周小华. 水文化研究的现代视野[J]. 中国水利,2007(6):12-16.
[53]周长勇. 构建以水文化为特征的高职校园文化体系[J]. 水利天地,2002(2):14-17.
[54]左其亭. 水文化研究几个关键问题的讨论[J]. 中国水利,2004(9):56-59.
[55]王燕. 从“无为不争”到“为而不争”——老子水哲学思想对高职院校校企合作实践的启示[J]. 青岛职业学院学报,2017(3):32-34.
[56]金邵兵,张炎. 水利院校要重视水文化教育与研究[J]. 安徽水利水电职业技术学院学报,2007(2):90-93.
[57]郭志滨. 水文化的教育要从娃娃抓起[C]//. 首届中国水文化论坛组委会. 首届中国水文化论坛优秀论文集. 北京:中国水利水电出版社,2009.
[58]靳怀堵,尉天骄. 中华水文化通论(水文化大学生读本)[M]. 北京:中国水利水电出版社,2012.
[59]靳怀堵. 中华水文化通论[M]. 北京:中国水利水电出版社,2015.
[60]靳怀堵. 中华文化与水[M]. 武汉:长江出版社,2005.
[61]李宗新,闫彦. 中华水文化文集[M]. 北京:中国水利水电出版社,2002.
[62]李宗新. 水文化初探[M]. 郑州:黄河水利出版社,1995.
[63]李宗新. 水文化大众读本[M]. 北京:中国水利水电出版社,2005.
[64]李宗新,等. 中华水文化概论[M]. 郑州:黄河水利出版社,2008.
[65]郑晓云. 水文化与生态文明:云南少数民族水文化研究国际交流文集[M]. 昆明:云南教育出版社,2008.
[66]中国水利文学艺术协会. 水文化文集[M]. 武汉:长江出版社,2005.
[67]中国水利文学艺术协会. 中华水文化概论[M]. 郑州:黄河水利出版社,2008.
[68]吴松,程得中. 巴渝水文化概论[M]. 郑州:黄河水利出版社,2018.
[69]侯新,孙华. 节水知识 100 问[M]. 郑州:黄河水利出版社,2019.
[70]吴怡璇. 我国当代水文化教育研究[D]. 郑州:华北水利水电大学,2016.